Alexandra Ferrarÿ

111 Ideen
für den geöffneten Unterricht

Organisationstipps und Methoden für den Schulalltag

Verlag an der Ruhr

Impressum

Titel
111 Ideen für den geöffneten Unterricht
Organisationstipps und Methoden für den Schulalltag

Autorin
Alexandra Ferrarÿ

Titelbildmotiv
© Christian Schwier – Fotolia.com

Verlag an der Ruhr
Mülheim an der Ruhr
www.verlagruhr.de

Geeignet für alle Schulstufen

Unser Beitrag zum Umweltschutz:
Wir sind seit 2008 ein ÖKOPROFIT®-Betrieb und setzen uns damit aktiv für den Umweltschutz ein. Das ÖKOPROFIT®-Projekt unterstützt Betriebe dabei, die Umwelt durch nachhaltiges Wirtschaften zu entlasten.
Unsere Produkte sind grundsätzlich auf chlorfrei gebleichtes und nach Umweltschutzstandards zertifiziertes Papier gedruckt.

Urheberrechtlicher Hinweis:
Das Werk und seine Teile sind urheberrechtlich geschützt. Jede Verwendung in anderen als den gesetzlich zugelassenen Fällen bedarf der vorherigen schriftlichen Einwilligung des Verlages. Bitte beachten Sie die Informationen unter schulbuchkopie.de.
Der Verlag untersagt ausdrücklich das Herstellen von digitalen Kopien, das digitale Speichern und Zurverfügungstellen dieser Materialien in Netzwerken (das gilt auch für Intranets von Schulen und sonstigen Bildungseinrichtungen), per E-Mail, Internet oder sonstigen elektronischen Medien.
Kein Verleih. Keine gewerbliche Nutzung.
Zuwiderhandlungen werden zivil- und strafrechtlich verfolgt.

© **Verlag an der Ruhr 2012**
ISBN 978-3-8346-0940-3

Printed in Germany

Inhaltsverzeichnis

Was ist geöffneter Unterricht? 4

Einleitung 4

Wozu Unterricht öffnen? 6

Voraussetzungen für geöffnetes Arbeiten 7

111 Ideen für den geöffneten Unterricht* **11**

Ideen 1–5	Arbeits- und Sozialformen	13
Ideen 6–10	Unterrichtseinstiege	21
Ideen 11–16	Soziales Lernen und Gruppenförderung	27
Ideen 17–24	Strukturieren des Lernstoffs und Erwerb von Methodenkompetenzen	37
Ideen 25–34	Selbstständige Wissensaneignung	47
Ideen 35–50	Offene Aufgaben	67
Ideen 51–70	Kreative Arbeitsformen	87
Ideen 71–85	Gemeinsamer Austausch und Diskussionen	127
Ideen 86–96	Präsentationen	147
Ideen 97–100	Selbst- und Fremdeinschätzung	167
Ideen 101–111	Unterrichtskonzepte für geöffnetes und Offenes Arbeiten	173

… noch mehr Tipps 197

Ideenfinder 198

Literaturverzeichnis 204

* Eine komplette Übersicht über alle 111 Ideen finden Sie im „Ideenfinder" ab S. 198.

Was ist geöffneter Unterricht?

Einleitung

Unterricht öffnen, offener Unterricht – mittlerweile auf den ersten Blick abgedroschene Phrasen, zu denen es bereits viel Literatur gibt. Und dennoch: Kaum ein pädagogischer Begriff ist mehr diskutiert, stärker umstritten und schwieriger fassbar.

In vielen Schulen werden bereits geöffnete Arbeitsformen eingesetzt. Die bekanntesten sind wahrscheinlich Wochenplan, Stationsarbeit, Lerntheke und Werkstattarbeit.

Trotzdem: Für viele bleibt geöffnetes Arbeiten etwas Ungewisses und vielleicht sogar Bedrohliches. – Die Theorie klingt gut, und die Vorteile liegen auf der Hand: Geöffnetes Arbeiten sorgt für Individualisierung, Differenzierung und Handlungsorientierung.

Auch für jahrgangsübergreifende Klassen und Inklusion scheint das geöffnete Arbeiten die einzig tragbare Variante zu sein.

... Aber wie fange ich es wirklich an?
... Welche Möglichkeiten habe ich, den Unterricht schrittweise zu öffnen und die Schüler* zu eigenverantwortlichem, selbstbestimmtem Denken und Handeln zu führen – vielleicht sogar über den Wochenplan oder die Werkstattarbeit hinaus?
... Wie kann ich eine solide methodische Vielfalt aufbauen, mit deren Hilfe ich auf unterschiedliche Situationen und Bedingungen reagieren kann?
... Wie schaffe ich es, meinen Aufwand nicht ins Unermessliche zu steigern und trotzdem einen guten oder sogar besseren Lernerfolg bei den Schülern zu erreichen?
... Welche Grundlagen sind wirklich existenziell, und was muss sich bei einer Öffnung des Unterrichts verändern?

---

* Aus Gründen der besseren Lesbarkeit haben wir in diesem Buch durchgehend die männliche Form verwendet. Natürlich sind damit auch immer Frauen und Mädchen gemeint, also Lehrerinnen, Schülerinnen etc.

Was ist geöffneter Unterricht?

Auf diese Fragen möchte das vorliegende Werk Antworten geben. Und zwar maßgeschneidert auf Sie und Ihre Art, zu unterrichten – für alle Schulstufen und ohne lange theoretische Einführungen. Mit Hilfe der Ideen können Sie eine umfangreiche Methodenkompetenz erlangen – auf alle Unterrichtssituationen zugeschnitten!

Wichtig ist, dass Sie sich beim Unterrichten wohlfühlen und sich mit Ihrem Unterricht identifizieren. Sie haben es also in der Hand, zu entscheiden, wie weit und in welchen Dimensionen Sie den Unterricht öffnen können und wollen.

Seien Sie dabei mutig, und nehmen Sie auch Rückschritte oder Umwege in Kauf. Schule muss, genau wie unsere Gesellschaft, dynamisch sein, damit sie auf Veränderungen eingehen kann.

Um auf eine Lebens- und Berufsorientierung vorzubereiten und Schüler zu selbstständigem, forschendem Lernen zu führen, wünsche ich mir, dass geöffnete Formen auch in der Oberschule immer stärker Einzug halten. Hierfür sind viele Ideen geeignet.

Ich hoffe, Ihnen mit diesem Buch Lust zu machen, neue Wege auszuprobieren und Ihren Schülern die Möglichkeit eines handlungsorientierten, selbstgesteuerten Lernens zu geben. In diesem Sinne wünsche ich Ihnen viel Freude mit diesem Buch!

Alexandra Ferrarÿ

> Für meinen Sohn Joshua Elias
> der mitten in der Vorbereitung dieses Buches in mein Leben kam
> und alles auf den Kopf stellte.
> Er zeigt mir jeden Tag neu, was Lernen ist
> und dass jedes Kind ein riesiges Wunder ist.
> Jürgen, Mom und Dad – danke, dass ihr mir den Rücken freihaltet
> und mich in meinen – manchmal verrückten – Vorhaben unterstützt!

Was ist geöffneter Unterricht?

Wozu Unterricht öffnen?

Um Unterricht erfolgreich öffnen zu können, ist es in meinen Augen wichtig, einige Basics über die theoretischen Hintergründe zu kennen.

Definitionen offener Unterricht

Die Wurzeln des offenen Unterrichts finden sich bereits in der Reformpädagogik wieder. Die Definitionen für offenen Unterricht sind so vielfältig wie seine Arbeitsformen und Umsetzungen.

Peschel (2003a, S. 77) benennt in Anlehnung einiger anderer Autoren (u.a. Benner, Jürgens und Brügelmann) folgende Dimensionen, in denen Unterricht geöffnet werden kann: organisatorische Offenheit, methodische Offenheit, inhaltliche Offenheit, soziale Offenheit, persönliche Offenheit

Ich schließe mich den Kriterien der o.g. Autoren an und halte es für sehr wichtig, zwischen offenem Unterricht und geöffneten Unterrichtsformen zu unterscheiden. Dementsprechend formuliere ich folgende Definitionen:

> **Offener Unterricht** ist ein Unterricht, in dem Schüler die Wahlfreiheit hinsichtlich der Organisation, der Methodik, des Inhalts sowie im sozialen Bereich haben.
>
> Dabei geht der Unterricht davon aus, dass die Schüler lernen wollen und Anstrengungsbereitschaft zeigen. Durch diese Arbeitseinstellung entsteht eine innere Struktur des Unterrichts, mit der er sich von einer „Laissez-faire-Mentalität" unterscheidet. Das Konzept des offenen Unterrichts sollte durchgängig sein, d.h. sich durch alle Stunden (und auch Klassenstufen) ziehen.
>
> Ist ein oder sind mehrere Kriterien nicht erfüllt, spricht man von **geöffnetem Unterricht**. Der Grad der Öffnung wird durch die Anzahl der Kriterien sowie die Konsequenz und Durchgängigkeit der Durchführung bestimmt.

Was ist geöffneter Unterricht?

Voraussetzungen für geöffnetes Arbeiten

Egal wie stark Sie Ihren Unterricht öffnen – einige Faktoren werden sich dadurch ändern oder müssen dabei verändert werden. Ich werde diese im Folgenden vorstellen.

Die neue Schülerrolle

In vielen Klassen ist der Anteil der Lehrerredezeit immer noch sehr hoch.

Im geöffneten Unterricht erhält der Schüler eine neue Rolle: Er wird vom „beschulten" zum „aktiven Lerner". Aufgaben werden nicht mehr „aberledigt", sondern erfunden und gelöst.

Dabei kann er im optimalen Fall seinen eigenen Lernweg gehen. Er macht eigene Fehler, die ihm wiederum Hilfen auf dem richtigen Lernweg sein können. Ein weiterer wichtiger Aspekt ist die selbstständige Zeiteinteilung. Der Schüler kann selbst bestimmen, wie viel Zeit er für einen bestimmten Aufgabenteil oder ein Thema benötigt. Erst wenn er es wirklich verstanden hat und mit sich selbst zufrieden ist, geht er weiter. Im offenen Unterricht setzt sich der Schüler seine eigenen Ziele. Auf dem Weg zum Erreichen der Ziele und nach dem Erreichen schätzt er seine Leistung ein und gibt eine eigene Leistungsbewertung ab. Auch die kritische Auseinandersetzung mit der Leistung anderer Schüler wird gefördert, indem sich Schüler gegenseitige Rückmeldungen geben.

Die veränderte Rolle der Lehrkraft

Durch die starke Selbstorganisation und Eigenverantwortung der Schüler kommt dem Lehrer eine neue Rolle zu. Er wird vom Dozierenden oder Lehrenden zum Motivator, Beobachter und Berater. In diesen Rollen sind seine Hauptaufgaben:

◎ Anregung und Motivation
Dies erfolgt insbesondere durch die Auswahl sowie Bereitstellung verschiedener Materialien sowie durch positive und aufmunternde Rückmeldungen und Bestätigungen, aber auch kritische Fragestellungen.

◎ Begleitung
Der Lehrer reflektiert die Schritte des Lernenden stetig. Er hilft ihm bei der Auswahl der Aufgaben und der Materialien. Häufig benötigen auch die

Was ist geöffneter Unterricht?

Eltern, denen geöffnetes Arbeiten oft fremd ist, anfänglich eine Begleitung sowie Rückmeldung. Die Rückmeldung sollte auf verschiedenen Wegen verbal, schriftlich als Kommentar auf einem Arbeitsergebnis oder auch auf einem Rückmeldungsblatt (Wochenplanzettel, Portfolio, Lerntagebuch) und in persönlichen Zeilvereinbarungsgesprächen erfolgen.

◎ Beobachtung

Durch die erhöhte Selbstständigkeit der Schüler hat der Lehrer Zeit, sich zurückzunehmen und verschiedene Lernprozesse der Schüler zu beobachten. Die Beobachtungen bilden zusammen mit Lernstandserhebungen und Kontrollen die Grundlage für die individuelle Förderung und Forderung.

Setzen Sie sich immer wieder zu einzelnen Schülern oder kleinen Gruppen, und fordern Sie diese zum lauten Denken oder zur Diskussion heraus.

Positive Motivation durch Lob und Wertschätzung sowie durch Präsentation von Arbeitsergebnissen in der Lerngruppe geben Selbstvertrauen und regen die Schüler zu höheren Leistungen an. Lassen Sie Gespräche zu den Aufgaben untereinander zu. Häufig können Schüler Hinweise von Mitschülern viel besser annehmen und verinnerlichen als die Korrektur durch den Lehrer.

Die Einrichtung des Klassenzimmers und die Sitzordnung

Heute findet man, gerade in Grundschulen, kaum noch Klassen, in denen die Tische einzeln voneinander getrennt in geradlinigen Reihen stehen. Meist werden in den unteren Klassen Gruppentische gebildet, oder die Schüler sitzen in einer U-Form, manchmal durch Mitteltische ergänzt.

Auch in Bezug auf die Sitzordnung sollten Sie Ihre eigene Variante finden. Ich habe die Erfahrung gemacht, dass es gut ist, wenn jeder Schüler einen festen Platz hat. Das bedeutet nicht, dass Schüler einzelne Aufgaben immer an ihrem Platz bearbeiten müssen.

Bedenken Sie, um welche Aufgaben es sich handelt, und wählen Sie danach die **Gestaltung des Arbeitsplatzes** aus:

... Für **Einzelaufgaben** sollten ruhige Plätze, auf denen die Schüler nicht abgelenkt werden, zur Verfügung stehen. Besonders leicht ablenkbare Schüler wählen in meiner Klasse gerne einen Tisch, an dem sie zur Wand schauen und sich so besser konzentrieren können.

... Zu **Partner- oder Gruppenarbeiten** sollten Sie die Tische so zusammenstellen, dass sie genügend Platz zum Arbeiten bieten. Bei vielen

Was ist geöffneter Unterricht?

Lernspielen bietet es sich an, den Fußboden zu nutzen. Ich habe in meinem Raum mehrere kleine Teppiche, die sich die Schüler selbstständig nehmen können. Um den Schülern, gleich welcher Altersstufe, für ihre Aufgaben Rückzugsmöglichkeiten und Anregungen zu einzelnen Lerngebieten zu geben, sollte der gesamte Raum klar strukturiert und in variable Bereiche aufgeteilt sein.

Folgende Themenecken oder thematisch gestaltete Bereiche sind vorstellbar:

Lese- und Schreibecke
In einer Ecke sollte sich ein Regal mit Büchern, CD-Player, Materialien für Schreibanlässe (Briefpapier, Fotos, Postkarten, Bilder usw.), Stempeln und Schablonen befinden, daneben ein Arbeitsplatz mit Blick zur Wand. Außerdem können Sie dort ein kleines Zelt (ca. 2 x 2 m) aufbauen, in das sich die Schüler zum Lesen zurückziehen können.

Computerecke
Der Computer sollte unbedingt mit Kopfhörern ausgestattet sein, damit die anderen Schüler nicht von den Geräuschen abgelenkt werden. Es sollten grundlegende Lernspiele installiert werden, jedoch ist es für die Übersichtlichkeit von Vorteil, wenn die Auswahl begrenzt ist. Optimal ist natürlich der Anschluss an das Internet sowie eines Druckers.

Bau- und Spielecke
Die Bau- und Spielecke ist der einzige Teil des Raumes, der mit Teppich ausgelegt ist. Neben verschiedenen Bausteinen wird die Ecke von einem in den Raum ragenden Regal begrenzt, in dem Lern- und Gesellschaftsspiele sowie andere Materialien gelagert sind.

Ausstellung
Hierbei handelt es sich um einen Raumteil oder Tisch, der passend zum jeweiligen Unterrichtsthema gestaltet wird. Die Ausstellung wird gemeinsam von Schülern und Lehrern gestaltet und soll zur intensiveren und individuellen Beschäftigung mit dem Thema einladen.

Experimentierecke
In einer Experimentierecke können Versuche aufgebaut werden, die die gesamte Wochenplanzeit über nutzbar sein sollen. Außerdem können hier Sachbücher, Materialien und Werkzeuge (z.B. Mikroskop, Lupen, Spiegel) zur Durchführung eigener Experimente aufbewahrt werden.

Zusätzlich sollte immer ein Raumteil frei sein, sodass mit wenigen Handgriffen ein Stuhlkreis für Diskussionen oder Plenum gestellt werden kann. In geöffnetem Unterricht sollte es außerdem, besonders auch mit älteren Schülern, möglich sein, weitere Fachräume sowie den Flur oder das Außengelände zu nutzen.

Das Material – Werkzeug für den Unterricht

Das Material sollte grundständig, universell und vielseitig sein, da es individuell eingesetzt wird. Materialien werden zum „Prozessbegleiter", also zu Werkzeugen, die helfen, den Lernweg zu bestreiten. Beispiele für universelle Lernwerkzeuge sind Spiegel, Lupen, Wendeplättchen, Steckwürfel, Lese- und Sachbücher sowie Wörterbücher und Forscherbuch. Die Schüler sollten auch eigene Materialien mitbringen dürfen.

Eine nicht ganz eindeutige Rolle spielen Lernspiele. Während sie in geöffneten Phasen Helfer sein können, sind sie für echten offenen Unterricht nicht geeignet, da sie meist konkrete Ziele mit Hilfe eines konkreten Lernweges verfolgen. Zudem wird zwischen Unterricht „als Pflicht" und Spielen „als Belohnung" unterschieden. In einem wirklich offenen Unterricht sollten Spiel und Lernen eins werden. (Peschel 2003a, S. 178)

Die Leistungsbewertung im geöffneten Unterricht

In einer Unterrichtskultur, die Fehler auf dem Weg zum Ergebnis zulässt, muss es auch eine veränderte Leistungsbewertung geben. Nicht nur das Ergebnis, sondern auch der Lernweg zählt.

Im geöffneten Unterricht haben Sie die Zeit, die Entwicklung der Schüler genau zu beobachten. Diese ist teilweise auch in den Produkten sichtbar, insbesondere, wenn es sich um fortlaufende Medien, wie z.B. das Matheforscherbuch, ein Portfolio oder Tagebuch, handelt.

111 Ideen
für den geöffneten Unterricht

Arbeits- und Sozialformen   Ideen 1–5

Eine geschickte Wahl bzw. ein geschickter Einsatz der Sozialformen bildet die Grundlage des Unterrichts. Aus diesem Grund werden in den ersten Ideen die bekannten Sozialformen Frontalunterricht, Einzelarbeit, Partnerarbeit, Gruppenarbeit sowie Kreis (Plenum) und ihr Einsatz im geöffneten und offenen Unterricht vorgestellt. Insbesondere der Kreis bildet hier ein zentrales Moment.

1 Frontalunterricht

Frontalunterricht und geöffneter Unterricht – geht das überhaupt? Auf den ersten Blick scheint sich das auszuschließen. Und dennoch: Frontale Phasen können ein wichtiges Mittel im geöffneten Unterricht sein.

Ziele

Frontale Phasen können verschiedene Ziele haben. Insbesondere bei der Erarbeitung, aber auch zur Ergebnispräsentation bieten sie sich an.

So geht's

Im Folgenden stelle ich verschiedene Möglichkeiten vor, wie Frontalunterricht im geöffneten Unterricht eingebettet sein kann.

Expertenvortrag
Da im offenen Unterricht die Schüler Themen frei wählen können, kann es sein, dass Sie als Lehrer nicht der richtige Experte für das Thema sind. Dementsprechend kann es bisweilen nützlich sein, echte Experten einzuladen (vgl. Idee 33). Die Vorgehensweise bietet sich besonders bei Projektunterricht an, wenn z.B. eine Schülergruppe an einem selbstgewählten Thema arbeitet. Im Rahmen des Projektes lädt sich die Schülergruppe den Experten ein. Anders als bei geschlossenem Unterricht ist es jedoch nicht notwendig, dass die ganze Klasse am Expertenvortrag teilnimmt.

Lehrervortrag
Gerade in Unterrichtsformen, die sich in erster Linie auf eine organisatorische und/oder methodische Öffnung beschränken, behält der Lehrervortrag seinen wichtigen und festen Platz. Inhalte werden weiterhin vorrangig durch Sie eingeführt. Der große Unterschied zum geschlossenen Unterricht ist

Arbeits- und Sozialformen

jedoch, dass, ähnlich wie beim Expertenvortrag, nicht alle Schüler involviert sein müssen. Beispielsweise könnten Sie sich gezielt noch einmal alle Schüler aussuchen, die im Wochenplan der letzten Woche eine bestimmte Aufgabe falsch bearbeitet haben, und ihnen die Aufgabe wiederholt erklären. Auch die Einführung von neuem Stoff kann auf diese Weise geschehen, was besonders in jahrgangsgemischten Klassen sehr nützlich sein kann: Während eine Lerngruppe ihre Aufgaben bearbeitet, haben Sie die Zeit und Möglichkeit, einer anderen Lerngruppe etwas zu erklären. Besonders vorteilhaft ist es, wenn Sie die Lerngruppen nicht nach Alter oder Klassenstufe, sondern nach Fähigkeiten und Kenntnissen zusammenstellen.

Schülervortrag
Einen Schwerpunkt beim geöffneten Arbeiten bildet die Präsentation der erarbeiteten Inhalte, häufig in Form eines Schülervortrags. Mit der Präsentation wird auf der einen Seite erreicht, dass die Schüler ihre erarbeiteten Ergebnisse vorstellen können und entsprechend eine Würdigung sowie Einschätzung von anderen Schülern und von Ihnen erhalten. Auf der anderen Seite lernen die Schüler Inhalte kennen, mit denen sie sich nicht auseinandergesetzt haben.

Ein weiterer positiver Aspekt ist, dass die Schüler durch die Präsentation lernen, Arbeitsergebnisse zu verbalisieren und zu erklären. Dies stellt eine wichtige Kompetenz für das spätere Berufsleben dar.

Da die Präsentation, insbesondere die in Form von Schülervorträgen, eine besondere Rolle beim geöffneten Arbeiten spielt, werden in den methodischen Ideen Präsentationsformen in einem eigenen Kapitel vorgestellt.

 **Tipps**

Versuchen Sie, Ihren Redeanteil zu reduzieren und den Schülern beim Erklären den Vorrang zu lassen. Reduzieren Sie Lehrervorträge auf das Nötigste, aber planen Sie Auswertungsphasen oder Zeiten, in denen Sie einer Lerngruppe noch einmal Dinge erklären können oder Rückkopplungen geben, von Anfang an mit ein. Während meiner Arbeit in einer jahrgangsübergreifenden Schulanfangsphase (1. und 2. Klasse) bestand das Problem nicht darin, neue Inhalte (in planbaren Stunden) einzuführen, sondern Inhalte oder Aufgaben, die nicht richtig verstanden wurden, (spontan) auszuwerten und noch einmal durchzusprechen. Ich nutzte schließlich dazu die Wochenplanstunden, in denen ich mich gezielt mit kleinen Schülergruppen beschäftigte.

2 Einzelarbeit

Je offener der Unterricht ist, desto intensiver wird die Phase der Einzelarbeit, da der eigene Lernzuwachs im Zentrum steht und das Lernen selbstbestimmt ist.

Ziele

In Phasen der Einzelarbeit erarbeitet sich der Schüler neue Inhalte oder übt Bekanntes. Ähnlich unserer täglichen Arbeit, in der wir uns auch das meiste allein und eigenständig erarbeiten, stellt die Einzelarbeit einen Schwerpunkt beim geöffneten und offenen Arbeiten dar.

So geht's

Einzelarbeit kann sehr vielfältig und unterschiedlich sein. Wichtig ist, dass der Schüler möglichst störquellenfrei arbeiten kann. Dementsprechend sollte sein Arbeitsplatz so angelegt sein, dass Störquellen minimiert sind und der Platz ausreicht (vgl. S. 8–10). Außerdem sollten die Materialien, die er zur Bearbeitung der Aufgabe benötigt, frei verfügbar und zugänglich sein. Nehmen Sie als Lehrer die Rolle des Lernbegleiters ein. Unterstützen Sie den Schüler bei der Auswahl und Beschaffung der Werkzeuge, und regen Sie ihn durch Interesse und gezielte Fragen oder Hinweise zum forschenden Lernen an.

Tipps

Je individueller gearbeitet wird, desto wichtiger werden Präsentationsphasen. Hierbei wird die Arbeit auf der einen Seite gewürdigt, auf der anderen Seite wird für die Schüler und für Sie transparent, woran der Schüler gearbeitet hat. Außerdem ist gerade in geöffnetem Unterricht eine stetige Kommunikation wichtig, um Begrifflichkeiten zu etablieren und zu festigen sowie um die Kommunikation zu fördern. Achten Sie gerade nach Phasen der Einzelarbeit auf einen Austausch.

Arbeits- und Sozialformen

3 Partnerarbeit

Partnerarbeit gilt als die einfachste, aber dennoch eigenständige Form der Gruppenarbeit.

Ziele

Ziel der Partnerarbeit ist es, den sozialen Umgang der Schüler zu verbessern und durch Gedankenaustausch und gegenseitige Hilfe ihre Motivation und Leistung zu steigern. Dabei wird die Akzeptanz von Andersartigkeit gefördert. Außerdem findet sich hier ein Weg, das natürliche Kommunikationsbedürfnis der Schüler positiv für den Unterricht zu nutzen. Die Selbstständigkeit wird gefördert.

So geht's

Wie die anderen Arbeitsformen können auch Partnerarbeiten sehr unterschiedlich ablaufen. Generell können sie Phasen ablösen, die in geschlossenem Unterricht vom Lehrer geleitet wurden: Es können z.B. Rechenaufgaben gegenseitig gestellt und gelöst, ein Diktattext diktiert oder Texte vorgelesen und eingeschätzt werden. Es ist auch möglich, dass zwei Schüler zusammen eine Aufgabe bearbeiten oder ein Schüler einem anderen die Aufgabe erklärt. Förderlich ist auch die Bildung von „Lerntandems", in denen ein stärkerer und ein schwächerer Schüler sich gegenseitig unterstützen. Diese Vorgehensweise eignet sich besonders bei Inklusion oder in jahrgangsübergreifenden Klassen. Ein Schüler liest einem anderen Schüler, der noch nicht lesen kann, vor, oder ein Schüler hilft einem anderen Schüler, der ein Handicap hat, bei bestimmten Aufgaben. Zu Beginn des Schuljahres habe ich außerdem in meiner jahrgangsübergreifenden Klasse immer Paten aussuchen lassen: Ein „Zweitklässler" war für einen Schulanfänger Ansprech- und Lernpartner.

Tipps

Fördern Sie das partnerschaftliche Lernen. Nehmen Sie sich selbst zurück. Versuchen Sie erst, die Schüler einen eigenen Weg finden zu lassen. Nur wenn das nicht gelingt, greifen Sie helfend ein.

4 Gruppenarbeit

Gruppenarbeit ist eine erweiterte Form der Partnerarbeit. Meist beträgt die Gruppengröße drei bis sechs Schüler.

Ziele

Auch die Gruppenarbeit dient wie die Partnerarbeit der kommunikativen und kooperativen Lösung von Aufgaben oder Problemen. Ein bekannter Begründer und Theoretiker dieses Ansatzes war Hugo Gaudig.

So geht's

Die bekannteste Art der Gruppenarbeit ist wohl die Projektarbeit. Hierbei finden sich Schüler zusammen, die interessenhalber das gleiche Thema mit Blick auf unterschiedliche Aspekte bearbeiten. Das Konzept wird ausführlich in Idee 107 beschrieben. Weitere methodische Möglichkeiten zum Einsatz von Gruppenarbeiten finden sich insbesondere in der Rubrik „Ideen zum Sozialen Lernen und zur Gruppenförderung" (Ideen 11–16) sowie in den „Ideen zum Austausch und für Diskussionen" (Ideen 71–85). In einigen Gruppenarbeiten ist es sinnvoll, wenn Schüler verschiedene Rollen übernehmen: Gruppenleiter, Schriftführer, Moderator usw.

Tipps

Gruppenarbeit ist nur sinnvoll, wenn nicht alle Schüler der Gruppe das Gleiche bearbeiten. Ich habe leider schon Gruppenarbeiten gesehen, in denen jeder Schüler den gleichen Text lesen sollte (das Textblatt war dann auch in entsprechender Menge vorhanden) und anschließend dazu ein Arbeitsblatt ausfüllen musste. Hierbei handelte es sich um eine verkappte Einzelarbeit, bei der sich die Schüler lediglich helfen und Ideen austauschen durften. Dies ist keine echte Gruppenarbeit!

Arbeits- und Sozialformen

5 Kreis (Plenum)

In geöffnetem Unterricht kommt dem Kreis eine zentrale Bedeutung zu, da hier das individuelle und selbstständige Arbeiten strukturiert und zusammengeführt wird.

👑 Ziele

Der Kreis kann verschiedene Ziele haben:

- Er dient zum **Austausch**, einerseits über Erlebtes, aber auch zur Vorstellung von Arbeitsvorhaben.
- Durch Berichte über Arbeitsvorhaben wird die Neugier der anderen Schüler geweckt, und es werden vielfältige **Anregungen** gegeben.
- **Schülerergebnisse** können vorgestellt und gewürdigt werden.
- Es können gemeinsame **Absprachen** getroffen werden.
- Das **Soziale Lernen** wird gefördert, da im Kreis Entscheidungen getroffen und Lösungsansätze diskutiert werden können. Er kann als demokratische Versammlung dienen.

🎯 So geht's

Der „klassische" Morgenkreis

Besonders im Grundschulbereich ist der Morgenkreis bereits in den meisten Klassen fester Bestandteil. In erster Linie werden dabei Erlebnisse ausgetauscht, Arbeitsvorhaben besprochen oder Unterrichtsthemen vorgestellt. Enja Riegel (2004, S. 155 ff.) wirbt in ihrem Buch, auch in Oberschulen einen regelmäßigen (Montag-)Morgen-Kreis einzuführen. Die Schüler lernen dort das freie, anschauliche Erzählen, aber auch das aufmerksame Zuhören. Sie erfahren, dass sie nicht nur als „Lerner" wahrgenommen werden, sondern als Mensch mit Erlebnissen und Erfahrungen für die Gemeinschaft wichtig sind. Dazu ist eine vertrauensvolle Atmosphäre wichtig. Diese entsteht nur, wenn auch Sie davon überzeugt sind, dass der Kreis nützlich ist, und keiner dem anderen ins Wort fällt oder ihn durch herabsetzende Bemerkungen kränkt. Dazu können „Kreisregeln" wie die folgenden Beispiele sinnvoll sein:

- Ich höre dem anderen aufmerksam zu.
- Ich versuche, ihn (mit seinen Gedanken und Gefühlen) zu verstehen.
- Was im Kreis erzählt wird, bleibt unter uns.
- Es wird niemand ausgelacht.

Arbeits- und Sozialformen

Der Kreis als „Ideenschmiede"

Insbesondere bei einer inhaltlichen Öffnung des Unterrichts ist es nötig und sinnvoll, Ideen und Arbeitsvorhaben untereinander zu teilen.

Auf der einen Seite erfahren die Schüler dadurch, woran andere arbeiten, und können so ihre Arbeitsvorhaben vergleichen und einschätzen. Durch diese Offenlegung werden die Schüler angespornt, sich Ziele zu setzen, die sie dann bei der Auswertung „verteidigen" müssen. Auf der anderen Seite besteht die Möglichkeit, dass Ideen im Kreisgespräch entstehen, ausgebaut oder vertieft werden. Auf diese Weise entsteht eine Atmosphäre der Neugier, des Erforschen-Wollens und der Freude am Lernen. Um diese aufzubauen und/oder aufrechtzuerhalten, müssen Sie sich für die Belange der Schüler interessieren und versuchen, ihre Denkweise nachzuvollziehen. Ihre Aufgabe ist es außerdem, durch gezieltes Nachfragen und Anregen herauszufordern und zum Lernen zu animieren.

Der Kreis zur Darstellung von Arbeitsergebnissen

Einer der wichtigsten Motivationsgründe für die Arbeit ist, Ergebnisse zu veröffentlichen und das neu erworbene Wissen zu teilen. Es gibt eine Vielzahl von Darstellungs- und Präsentationsformen, die im Kreis durchgeführt werden. Präsentationsformen werden in einer eigenen Rubrik näher vorgestellt (Ideen 86–96).

Der Kreis als Instrument der „gelebten Demokratie"

Auf Grund seiner natürlichen Anordnung ist es besonders förderlich, soziale Themen im Kreis anzusprechen. Dies kann von der Regelfindung über Abstimmungen, Entscheidungen und Selbst- sowie Fremdeinschätzung bis hin zu Konfliktgesprächen gehen. Der zentrale Vorteil gegenüber anderen Formen besteht im direkten Blickkontakt aller Beteiligten und darin, dass es keine Hierarchien in der Sitzordnung gibt. Neben dem normalen Kreisgespräch können auch besondere Formen des Feedbacks genutzt werden. Diese könnten sein:

- ... Abstimmung: Als Feedback halten alle Schüler gleichzeitig den Daumen nach oben, waagerecht oder nach unten. Daraus kann ein Meinungsbild abgeleitet werden.
- ... Gut, Flop, weg: Als Stimmungsbarometer sagt jeder Schüler kurz, was ihm gefallen hat und was er gut oder schlecht fand. Um zu signalisieren, dass er fertig ist, sagt er „weg". Wer sich nicht äußern möchte, sagt sofort „weg".

Arbeits- und Sozialformen

✏ Tipps

Versuchen Sie, den Raum so zu gestalten, dass das Zusammenkommen möglichst unkompliziert und möglich ist. Wichtig ist, dass alle Schüler im Kreis und keiner weiter außen in einer zweiten Reihe sitzt. Manche Schüler wählen einen solchen Sitz absichtlich. Achten Sie darauf, diese Schüler vor Kreisbeginn zu integrieren.

Planen Sie genügend Zeit für Kreise ein. Besonders die Ergebnispräsentation mit Würdigung und Einschätzung ist sehr wichtig! Nur die kontinuierliche Präsentation sorgt dafür, dass die Schüler weiterhin motiviert sind, angestrengt zu arbeiten. Versprechen Sie z.B. nichts, wofür die Zeit dann nicht mehr reicht.

Verabreden Sie mit den Schülern ein gemeinsames Signal, das dazu auffordert, in den Kreis zu kommen. Dies kann z.B. das Einspielen von Musik oder das Anschlagen einer Klangschale sein. Auch optische Signale, z.B. ein magnetisches Tafelschild, können den Schülern eine Orientierung sein.

Um es den Schülern zu erleichtern, anderen nicht ins Wort zu fallen, können Sie eine **haptische Hilfe** benutzen: Füllen Sie einfach einen Luftballon mit etwas Sand, verwenden Sie einen Knetball oder einen schönen Stein, und schreiben „Wort" darauf. Nur wer den Gegenstand gerade in der Hand hält, hat das „Wort". Kindern hilft es außerdem, beim Reden den Ball kneten zu können.

Sie können auch **verschiedene Meldungen vereinbaren**. In meiner Klasse bedeutet eine Meldung mit beiden Armen, dass jemand den Beitrag eines anderen kommentieren möchte, während eine „normale" Meldung einen eigenen Beitrag anzeigt (der Wunsch, zur Toilette gehen zu wollen, wird durch ein „T", das wie beim Sport das Zeichen für „Auszeit" gebildet wird, angezeigt).

Besonders effektiv ist es, wenn die Schüler die **Regeln selbst aufstellen** und ein Schüler als „Kreischef" auf deren Einhaltung achtet.
Es ist nicht immer notwendig, dass alle Schüler an jedem Kreis teilnehmen. **Differenzieren** Sie, wann es wichtig ist, dass alle Schüler dabei sind, und wann sie die Freiheit haben, nicht am Kreis teilzunehmen. Zwingen Sie die Schüler möglichst nicht, sich zu beteiligen. Hinterfragen Sie aber bei einzelnen Schülern, die sich gar nicht beteiligen, die Hintergründe (besser im 2er-Gespräch als vor allen anderen im Kreis).

Unterrichtseinstiege

Ideen 6–10

Oft entscheiden die ersten Minuten, wie die Schüler dem Stundenverlauf und dem Thema folgen. Dementsprechend werden in den folgenden Ideen kreative Unterrichtseinstiege vorgestellt, die den Schülern Lust auf das Thema oder Lust am Lernen und Weiterforschen machen sollen.

6 Rätselhaftes und Seltsames

Mit dieser Idee soll den Schülern „Appetit gemacht" werden, an einem Thema weiterzuforschen.

Ziele

Das Interesse am Thema soll gesteigert werden. Die Schüler werden aufgefordert, aktiv eigene Lösungen und Lösungswege zu suchen.

Vorbereitung

Sie benötigen eine Idee oder müssen einen Sachverhalt spannend und widersprüchlich schildern. Eventuell ist dazu auch ein Versuch mit unerwartetem Ausgang, ein Realgegenstand oder Modell hilfreich.

So geht's

Erzeugen eines Widerspruchs

Das Erzeugen eines Widerspruchs setzt voraus, dass die Schüler einen wesentlichen Baustein zur Konstruktion eines Systems nicht kennen. Der Lehrer nutzt diese Lücke, um die Schüler zum Nachdenken anzuregen. So könnten Sie z.B. im Sachunterricht die Unterrichtseinheit „Schwimmen und Sinken" beginnen, indem Sie mit den Schülern wetten, welche Materialien schwimmen und welche sinken. Neben einigen anderen Materialien wird Metall getestet. Das Metallstückchen versinkt natürlich. Dann wird ein Metallstück in Form eines Schiffsrumpfes auf das Wasser gesetzt. Warum schwimmt Metall auf einmal?

Verfremdung

Bei der Verfremdung haben die Schüler bereits eine Vorstellung vom Unterrichtsgegenstand. Diese bringt der Lehrer jedoch mit seiner Einführung ins Wanken. Diese Technik könnte z.B. im Sozialkunde- oder Ethikunterricht eingesetzt werden: Die Schüler erhalten einen Text, in dem die klassischen Geschlechterrollen getauscht sind („Ich suche einen Mann, der bügelt und meinen Haushalt macht ..." usw.). Der Text wirkt zunächst belustigend, führt die Schüler aber zu der Frage weiter, ob man ihn auch dann noch als irgendwie auffällig empfände, wenn die Rollenverteilung die klassische wäre. (Greving/Paradies 1995, S. 51)

Verrätselung
Die Verrätselung verbindet spielerische Elemente mit dem Knobeln, Grübeln und Nachdenken über einen Inhalt. Dadurch soll der Schüler zum aktiven Handeln und Weiterdenken angeregt werden. Beispielsweise könnten Sie die Unterrichtseinheit „Märchen" beginnen, indem Sie eine Geschichte vorlesen, in der viele bekannte Märchenfiguren vorkommen. Auf diese Weise schließen die Schüler auf das Thema. Anschließend werden die Märchenfiguren den richtigen Ursprungsgeschichten zugeordnet und Merkmale von Märchen erarbeitet.

Eine weitere Möglichkeit besteht darin, Buchstabenkärtchen unter den Stühlen der Schüler zu verstecken. Die Schüler müssen an der Tafel die Buchstaben in die richtige Reihenfolge bringen und erhalten dadurch das Thema der neuen Unterrichtseinheit oder -stunde.

Tipps

Machen Sie diese Art von Fragen zu einem Unterrichtsprinzip. Damit fördern Sie die Wahrnehmung der Schüler für Widersprüche und Verfremdungen.

7 Kartenabfrage

Die Kartenabfrage ist eine Moderationsmethode für Gruppen.

Ziele

Bei der Kartenabfrage sind alle Schüler aktiv. Ideen, Vorschläge und Anregungen werden visualisiert und können im Unterrichtsverlauf sichtbar hängen bleiben. Auf diese Weise können sie immer wieder aufgegriffen und zum Schluss überprüft werden. Zudem werden die Schüler in die Themenplanung mit einbezogen. Durch die Abfrage von Interessen und Vorwissen kann der Unterricht besser geplant und auf die Bedürfnisse der Schüler abgestimmt werden. Der Lernerfolg wird gesteigert.

Unterrichtseinstiege

⌐ Vorbereitung

Für diese Idee benötigen Sie Karteikarten, dicke Filzstifte, Tafelmagneten, eine Tafel oder alternativ eine Pinnwand.

So geht's

1. Erklären Sie den Schülern das Ziel der Abfrage, und stellen Sie eine Frage, zu der es unterschiedliche Aspekte oder Meinungen gibt.
2. Die Schüler schreiben in Einzelarbeit Fragen, Antworten, Ideen, Vorschläge, Begriffe oder Stichworte zum Thema auf einzelne Karten. Anschließend pinnen sie die Karten an die Wand.
3. Die Karten werden geordnet und gruppiert (geclustert).
4. Für die einzelnen Cluster werden Überschriften und Oberbegriffe formuliert.

Die Übersicht sollte über die gesamte Unterrichtseinheit für die Schüler sichtbar sein. Auf diese Weise kann überprüft werden, an welcher Stelle des Themas man sich befindet und ob alle Inhalte besprochen wurden. Zur Dokumentation kann das Ergebnis abfotografiert werden.

8 Vier-Ecken-Methode

Die Vier-Ecken-Methode bildet einen handlungsorientierten Einstieg in ein Thema.

Ziele

In kurzer Zeit äußern sich alle Schüler schriftlich zum Thema. So entsteht schnell ein Überblick, welches Vorwissen die Schüler mitbringen und wie sie persönlich/emotional zum Thema stehen. Auch die Organisation der Gruppenarbeit wird vorbereitet. Kognitive und soziale Aspekte werden berücksichtigt.

Vorbereitung

In den vier Ecken des Klassenraumes wird jeweils ein Plakat mit einer der folgenden Überschriften aufgehängt oder ausgelegt.

Unterrichtseinstiege

1. Das weiß ich schon:
2. Das interessiert mich:
3. Diese Beziehung habe ich zum Thema/Problem:
4. Mit diesen Schülern möchte ich die Aufgabe bearbeiten:

Bereiten Sie außerdem ein Plakat mit der Themenüberschrift vor.

So geht's

Hängen Sie das Plakat mit der Themenüberschrift oder Aufgabe als stummen Impuls an die Tafel, oder legen Sie es in die Mitte des Klassenraums. Die Schüler lesen das Thema und schreiben ihre Gedanken und Einfälle auf die verschiedenen Plakate in den Ecken. Anschließend werden die Plakate gemeinsam betrachtet. Stehen dabei fachliche Aspekte im Mittelpunkt, beginnen Sie mit Plakat 1. Stehen soziale Aspekte und damit verbunden die Einstellung der Schüler im Mittelpunkt des Themas, sollten Sie mit Plakat 3 beginnen. Danach werden mit Hilfe von Plakat 2 Fragestellungen und Themenbereiche hervorgehoben, die im Laufe der Unterrichtseinheit bearbeitet oder geklärt werden sollen.

Die Auswertung des 4. Plakats, mit Hilfe dessen die Arbeitsgruppen eingeteilt werden, leitet die Arbeitsphase ein. Im Anschluss an die Einteilung erstellen alle zusammen einen Arbeitsplan.

Tipps

Der Vorteil der Methode liegt darin, dass auch Schüler, die sich im Unterrichtsgespräch zurückhalten, ihre Meinung anonym äußern.

Außerdem erlangen Sie mit Hilfe der Methode schnell einen Überblick über Wissensstand und Interessen der gesamten Klasse.

9 W-Fragen

Die Idee kann zur Einführung eines Themas genutzt werden. Sie dient dazu, sich damit erstmals auseinanderzusetzen und Assoziationen zu wecken.

Unterrichtseinstiege

👑 Ziele

Durch die unterschiedlichen W-Fragen setzt sich der Schüler intensiv mit dem Thema auseinander. Dabei bewirken die standardisierten Fragen, die teilweise nicht zu passen scheinen, dass das Thema auch oder auf eine unübliche Herangehensweise angedacht wird. Durch die willkürliche Anordnung der Fragen springt der Schüler im Thema hin und her und bearbeitet es auf eine unkonventionelle, unsystematische, spontane Weise. Dies regt Kreativität und Fantasie an.

👓 Vorbereitung

Bereiten Sie ein universell für jeden Themenbereich einsetzbares Arbeitsblatt mit W-Fragen vor.

💡 So geht's

Die Schüler bearbeiten in einem vorgegebenen Zeitraum die W-Fragen, indem sie ihre Gedanken stichwortartig aufschreiben. Im anschließenden Unterrichtsgespräch oder in Gruppengesprächen werden die Antworten vergleichend vorgestellt. Dabei klären sich eventuell Fragen, die einzelne Schüler als nicht beantwortbar eingeschätzt haben. Am Ende der Unterrichtseinheit werden nicht beantwortete Fragen erneut hinterfragt und ggf. beantwortet. Die restlichen Fragen werden gestrichen.

✏️ Tipps

Die Idee kann in Einzel-, Partner- oder Gruppenarbeit durchgeführt werden. Während in der Einzelarbeit der Schwerpunkt auf dem Vorwissen des Einzelnen liegt, erfolgt bei der Partner- und Gruppenarbeit bereits eine Diskussion.

Thema: _____

W-Fragen

Wer ....
Wo? ....
Was? ....
Wann? ....
Wie lange? ....
Wie? ....
Warum? ....
Wodurch? ....
Wozu? ....
Wen? ....
Wem? ....
Wessen? ....
Welche? ....
Weshalb? ....
Woher? ....
Wohin? ....
Wie häufig? ....
Wie sehr? ....
Wie viele? ....
Worüber? ....
Worin? ....
Welche Art? ....
Wovon? ....

Unterrichtseinstiege

10 ABC-Methode

Diese Idee eignet sich insbesondere als Einstieg, um eine Übersicht über das Vorwissen der Schüler zu erhalten, oder zur Festigung eines Themas.

Ziele

Die Schüler setzen sich auf eine unsystematische Weise mit dem Thema auseinander. Dabei erweitern sie ihren Sprachschatz, indem sie spielerisch mit Fachwörtern umgehen und Beschreibungen suchen.

Vorbereitung

Jeder Schüler schreibt das Alphabet untereinander auf ein Blatt Papier.

So geht's

Geben Sie das Thema bekannt. In Einzelarbeit schreiben die Schüler zu jedem Buchstaben ein zum Thema passendes Wort oder eine passende Phrase auf ihr Blatt. Für die Weiterarbeit gibt es mehrere Varianten:

- … Die Ergebnisse werden im Plenum zusammengetragen und eventuell fehlende Buchstaben durch die einzelnen Schüler ergänzt.
- … In Partnerarbeit tauschen sich die Schüler über ihre Begriffe aus und ergänzen diese. Anschließend einigen sie sich auf drei bis fünf wichtige Begriffe und markieren diese. Die Begriffe werden im Plenum vorgestellt und mit denen der anderen Schüler verglichen und diskutiert.
- … Die Arbeit erfolgt wie bei der vorhergehenden Variante. Anschließend werden Gruppen gebildet. Die markierten Begriffe werden den Gruppenmitgliedern vorgestellt und in einen plausiblen Zusammenhang (ähnlich dem Strukturlegen in Idee 17) gebracht. Anschließend werden die Ergebnisse im Plenum diskutiert.

Die Ergebnisse können als Grundlage für die Weiterbeschäftigung mit dem Thema genutzt werden.

Tipps

Nach Absprache können Sie sehr seltene Buchstaben weglassen.

Soziales Lernen und Gruppenförderung

Ideen 11–16

Ein Hauptargument für das Öffnen von Unterricht ist die Stärkung der sozialen Kompetenzen. Dazu eignen sich die folgenden Ideen hervorragend. Auf Grund der hohen sozialen Interaktion sind die Ideen besonders für das jahrgangsübergreifende Arbeiten in der Schulanfangsphase sowie für Inklusion geeignet.

11 Helferprinzip

Die Idee eignet sich besonders für Schüler, die neu in die Klasse kommen (also 1., 5., 7. Klasse), aber auch für jahrgangsübergreifende Klassen bei Inklusion oder Schülern mit Migrationshintergrund.

Ziele

Die Schüler übernehmen Verantwortung, indem sie andere unterstützen.

Vorbereitung

Bei neuen Schülern können Sie mit Fotos der Schüler arbeiten. Dazu ist es sinnvoll, die Eltern gleich bei der Anmeldung um ein aktuelles Foto ihres Kindes zu bitten. Als Alternative können Sie das Foto aus der Schülerakte kopieren.

So geht's

Einige Tage, bevor neue Schüler in die Klasse kommen, hängen Sie die Fotos dieser Schüler auf DIN A5 vergrößert an die Tafel. Schüler, die kein Foto abgegeben haben, bekommen einen Platzhalter mit der Aufschrift „Überraschungskind". Jeder Schüler darf sich nun einen Partner aussuchen. Bei Unausgewogenheiten kann es auch vorkommen, dass sich ein Schüler um mehrere andere kümmert oder dass umgekehrt mehrere Schüler für einen anderen verantwortlich sind. Im Anschluss an die Einteilung wird thematisiert, auf welche Bereiche sich die Unterstützung beziehen kann. Hierzu gehören z.B. die Orientierung auf dem Schulgelände, Unterstützung beim Lernen, Begleitung zur Hofpause zurück usw.

Soziales Lernen und Gruppenförderung

Dann schreiben die Schüler den Neulingen einen Willkommensbrief oder basteln ein kleines Geschenk, das auf den Sitzplatz gelegt wird. Gibt es für die Schüler eine Begrüßungsfeier, können die Helfer den Schüler gleich begrüßen und in die Klasse führen. Es bietet sich an, dass die „Neuen" erst einmal neben ihrem Helfer sitzen. Nach ca. sechs Wochen kennen sich die Schüler untereinander gut genug, sodass die Sitzordnung geändert werden kann und die Helfer keine so große Rolle mehr spielen.

Tipps

Wenn die „Chemie" zwischen zwei Schülern nicht stimmt, kann das Helferpaar auch gelöst und neue Teams gebildet werden – nicht bei allen Schülern klappt die Hilfe gleich gut. Helfen kann man nicht erzwingen. Dennoch kann man eine Kultur des Helfens schaffen, indem man vorbildliche Schüler lobt und hervorhebt. Achten Sie darauf, das Helferprinzip zu unterstützen, indem sie fragende Schüler erst zu ihrem Partner oder anderen Helfern schicken.

12 Chefsystem

Das Chefsystem stammt ursprünglich von Jürgen Reichen. Er nutzte es in seinen Werkstätten. Dabei übernehmen Schüler (für eine Aufgabe der Lernwerkstatt) die Aufgabe des Chefs.

Ziele

Schüler, die auf einem Gebiet Experten sind, helfen anderen Schülern und kontrollieren deren Aufgaben. Durch das Erklären wird der Lernstoff vertieft. So erwerben die Schüler Sach-, Methoden- und soziale Kompetenzen.

Vorbereitung

Es wird kein spezielles Material benötigt.

So geht's

Geben Sie zu Beginn der Werkstatt einen Überblick über die Aufgaben. Jeweils ca. drei Schüler können sich als Chef für eine Aufgabe melden. Die Schüler bearbeiten diese Aufgabe als Erstes. Anschließend überprüfen Sie die Aufgabe auf Richtigkeit. Ist dies der Fall, ist der betreffende Schüler

Soziales Lernen und Gruppenförderung

"Chef" für die Aufgabe. Dies bedeutet, dass andere Schüler nun bei Fragen oder zur Kontrolle der Aufgabe nur noch zum Chef gehen. Abschließend kann der Chef auf einem Übersichtsblatt eintragen, dass der Schüler die Aufgabe erledigt und er sie kontrolliert hat.

Tipps

Die Idee können Sie für höhere Klassen abwandeln, indem die "Chefs" zu "Experten" für bestimmte Aufgaben, Themengebiete oder Methoden werden.

13 Info-Schüler

Die Idee der Info-Schüler ist eine Fortführung des Chefsystems (vgl. Idee 12). Schüler werden für ein Halbjahr oder ein Schuljahr zum Experten für ein Arbeitsgebiet.

Ziele

Indem Schüler die Verantwortung für ein Arbeitsgebiet übernehmen, werden ihre fachlichen, methodischen und sozialen Kompetenzen gestärkt. Durch die Übertragung erlangen die Schüler Selbstbewusstsein. Sie üben sich darin, anderen Inhalte oder Arbeitstechniken zu vermitteln. Da die Schüler nicht davon abhängig sind, darauf zu warten, dass Sie Zeit haben, können sie selbstständiger arbeiten. Die Motivation, sich auf seinem Fachgebiet weiterzubilden, steigt.

Vorbereitung

Überlegen Sie sich, welche Bereiche Sie an die Schüler übertragen können und möchten. Dazu sollten Sie die Schüler einschätzen können und wissen, welchem Schüler welche Arbeitsbereiche zugeteilt werden können.

So geht's

Informieren Sie zu Schuljahresbeginn die Schüler über die Vorgehensweise und stellen eine Liste mit Bereichen vor, in denen Info-Schüler tätig werden können. Innerhalb einer festgelegten Zeitspanne können sich die Schüler überlegen, in welchem Bereich sie Info-Schüler werden wollen, und sich eintragen.

Soziales Lernen und Gruppenförderung

In den folgenden Wochen werden die Schüler in ihrem Bereich geschult. Ab diesem Zeitpunkt stehen die Info-Schüler ihren Mitschülern als erste Ansprechpartner bei einem Problem im jeweiligen Bereich zur Verfügung. In manchen Bereichen können Sie auch mehr als einen Schüler bestimmen.

Folgende Arbeitsgebiete können Sie an Info-Schüler abgeben:

- „Computerfeuerwehr": hilft bei Fragen am Computer
- „wandelndes Wörterbuch": unterstützt bei der Rechtschreibung
- „der Präsentator": hilft beim Erstellen einer (Powerpoint-)Präsentation
- „der Informant": unterstützt bei der Entnahme von Informationen aus Sachtexten
- „der Taschenrechner": hilft bei mathematischen Problemen
- „der Ersthelfer": hilft bei Verletzungen
- „der Mediator": unterstützt in Streitfällen
- „das Lexikon": hilft bei der Informationsbeschaffung (z.B. mit Hilfe des Computers)

Tipps

Verweisen Sie besonders nach der Einführung der Methode immer wieder auf die Info-Schüler, wenn Fragen auftauchen.

14 Klassenrat

Der Klassenrat geht auf die Prinzipien des französischen Reformpädagogen Freinet zurück. Er soll das individuelle Arbeiten zusammenführen und die Verantwortung des Einzelnen als Teil der Klassengemeinschaft fördern. Auch im offenen Unterricht von Falko Peschel (2003) spielt der Klassenrat („Kreis") eine zentrale Rolle.

Ziele

Im Klassenrat üben die Schüler demokratische Grundprinzipien, indem sie die schulische Arbeit der vergangenen Woche reflektieren, zukünftige Unterrichtsvorhaben planen und soziale Aspekte sowohl positiver als auch negativer Art besprechen. Die Schüler sollten im Klassenrat weitgehend selbstständig handeln können.

Soziales Lernen und Gruppenförderung

Vorbereitung

Der Klassenrat sollte im Kreis stattfinden, um den Sichtkontakt untereinander zu gewährleisten. An einer Planungstafel für den Klassenrat hängt der Ablauf der nächsten Sitzung. Hier können die Schüler im Laufe der Woche Tagesordnungspunkte ergänzen (vgl. Punkt „So geht's").
Wenn möglich, sollten Schüler den Klassenrat leiten. Dazu kann ein Leiter („Präsident") und ein stellvertretender Leiter („stellvertretender Präsident") gewählt werden. Der Leiter hat die Gesprächsführung inne, während der Stellvertreter Meldungen koordiniert und darauf achtet, dass ein Beitrag nicht zu lange dauert. Wie lange die Personen im Amt sind, entscheiden Sie bzw. die Klasse. Es gibt Modelle, in denen jeder Klassenrat von einem neuen Schüler geleitet wird, aber auch Modelle, in denen die Ämter für einen längeren Zeitraum (z.B. Vierteljahr) bestehen bleiben.

So geht's

Wie häufig ein Klassenrat durchgeführt wird, bleibt Ihnen überlassen. Er sollte jedoch regelmäßig, möglichst an einem festen Termin, stattfinden, evtl. in der letzten von Ihnen unterrichteten Stunde der Schulwoche. Um einen reibungslosen Ablauf zu gewährleisten, sollte dieser möglichst ritualisiert sein. Nachfolgend beschreibe ich einen möglichen Ablauf, den Sie jedoch an Ihre Bedürfnisse anpassen können.

1. Eröffnung
Der Leiter eröffnet den Klassenrat.

2. Protokoll
Zur Erinnerung wird das Protokoll der letzten Klassenratssitzung verlesen.

3. Rückblick/Vorstellung der Arbeitsergebnisse
Jeder Schüler berichtet kurz, was er sich für die Woche vorgenommen hatte und welche Ziele er erreicht hat. Es sollte auch Raum gegeben werden, Schwierigkeiten zu erwähnen und Lösungsvorschläge zu erarbeiten. Anschließend können einzelne Schüler Arbeitsergebnisse vorstellen. Zur besseren Koordination sollten Schüler, die Ergebnisse präsentieren wollen, ihren Beitragswunsch im Laufe der Woche schon an die Planungstafel hängen. Ein Blitzlicht, was den Schülern in der Woche gefallen hat und was nicht, schließt den Rückblick ab.

4. Regelung von Kinder- und Klassenangelegenheiten

Nach dem Rückblick haben die Schüler die Möglichkeit, Probleme, die in der Klassengemeinschaft aufgetreten sind, mit dem Ziel der Lösung zu besprechen. Um sich nicht mit kleinen Problemen zu verzetteln, schlägt Lena Morgenthau (2003, S. 84) vor, nur Konflikte im Klassenrat zu besprechen,

... bei denen ein direkter Lösungsversuch zwischen den Parteien zu keinem Ergebnis führte und
... die als Stichwort auf einem Zettel an der Planungstafel für den Klassenrat ausgehängt worden waren.

Die Konflikte können verschiedene Bereiche betreffen:

... Konflikte der Schüler der Klasse untereinander
... das Arbeits- und Sozialverhalten Einzelner
... das Lehrerverhalten in bestimmten Situationen
... Konflikte mit Schülern anderer Klassen
... die Organisation der Unterrichtsstruktur

Bei einem Konflikt schildern die Parteien zuerst den Hergang und die Lösungsversuche aus ihrer Sicht. Führt der Meinungsaustausch vor der Klasse nicht zu einer Lösung, versucht die gesamte Klasse, Lösungsvorschläge zu erarbeiten. Im Zweifelsfalle wird darüber abgestimmt. Die Beschlüsse des Klassenrats sind bindend – dadurch entsteht während des Jahres ein verbindlicher, von den Schülern initiierter Regelkatalog.

Um dem Punkt „Konflikte" etwas Positives entgegenzusetzen, ergänzt Lena Morgenthau diesen Abschnitt des Klassenrates durch den weiteren Punkt „Loben". Hier können die Schüler Hilfeleistungen und besondere Erfolgsmomente lobend erwähnen.

5. Arbeitsplanung

Schließlich werden die Arbeitsplanungen für die kommende Schulwoche sowie weitere wichtige Termine (Klassenarbeiten, Ausflüge usw.) besprochen. Inwieweit die Schüler an dieser Stelle ein Mitbestimmungsrecht haben, hängt von der Art Ihres Unterrichts ab.

Tipps

Versuchen Sie sich während des Klassenrates zurückzuhalten. Beachten Sie soweit wie möglich die Gesprächsregeln, d.h. auch Sie melden sich, wenn Sie einen Beitrag beisteuern wollen.

Soziales Lernen und Gruppenförderung

15 Schülerparlament

Das Schülerparlament ist die Weiterführung des Klassenrates (vgl. Idee 14) auf Schulebene.

👑 Ziele

Die Schüler sollen in möglichst vielen Bereichen in die Gestaltung des Schulalltages mit einbezogen werden. Dadurch erwerben sie ein Demokratieverständnis und fühlen sich für die Gemeinschaft mit verantwortlich. Ihre sozialen Kompetenzen werden gestärkt.

👓 Vorbereitung

Eine Mitbestimmung der Schüler muss vom Kollegium getragen werden. Von daher muss die Einrichtung eines Schülerparlamentes in einer Konferenz beschlossen werden. Die Schüler benötigen einen Raum, in dem sie sich treffen können. Weiterhin müssen ihnen die Lehrer Zeiten einrichten, in denen das Parlament tagt. Die delegierten Schüler berichten ihrer Klasse von den Parlamentssitzungen und können darüber diskutieren.

🎯 So geht's

Das Parlament setzt sich aus den Klassensprechern der Klassen zusammen. Es trifft sich etwa einmal im Monat für ca. drei Schulstunden und wird durch einen vom Parlament gewählten Präsidenten geleitet. Ein Mitglied verfasst ein Protokoll, das nach der Sitzung für alle Schüler sichtbar ausgehängt wird oder einsehbar ist.

Das Schülerparlament hat folgende Aufgaben:

- ... Wahl des Schulsprechers/stellvertretenden Schulsprechers
- ... Wahl des Parlamentspräsidenten/stellvertretenden Präsidenten
- ... Wahl des Schriftführers (es kann auch rotierend vorgegangen werden)
- ... Mitbestimmung bei schulischen Entscheidungen, z.B. Pausenhofgestaltung, Projektwochen, Raumbelegung, Gebäudegestaltung usw.
- ... Mitbestimmung bei Regeln für das Zusammenleben in der Schulgemeinschaft, z.B. Schulordnung/gemeinsame Schulregeln, Sportplatzbelegung, Pausenordnung, Konfliktlotsen

Soziales Lernen und Gruppenförderung

... Feste planen und organisieren, z.B. Sommerfest, Sponsorenlauf ...
... Vermittlung zwischen Anliegen der Schülerschaft und Anliegen der Lehrer

Das Schülerparlament befasst sich mit Anträgen, die einzelne Klassen stellen. Diese werden im Schülerparlament beraten und anschließend in die Lehrerkonferenz gegeben. Ein Vertreter der Lehrerschaft sollte dem Schülerparlament beiwohnen. Auch das Kollegium kann Anträge an das Schülerparlament stellen. Dieses berät darüber und gibt den Sachverhalt in die einzelnen Klassen.

Eine Variante ist, Ausschüsse zu installieren, in denen Schüler und Lehrer gemeinsam an Veränderungen arbeiten. Die Ausschussmitglieder müssen nicht Teil des Schülerparlamentes sein. Die Größe des Ausschusses richtet sich nach seinen Aufgaben. Folgende Ausschüsse sind denkbar:
... Kulturausschuss: Er repräsentiert die Schule nach außen und plant Schulfeste und Veranstaltungen (z.B. Lesungen, Tanz in den Mai ...).
... Vermittlungsausschuss: Er bemüht sich um ein spannungsfreies Schüler-Lehrer-Verhältnis und vermittelt in Konflikten.
... Gestaltungsausschuss: Er kümmert sich um die Gestaltung des Schulhauses und des Schulgeländes.

Tipps

Zur Präsentation der Arbeit des Schülerparlamentes sollte im Schulgebäude ein Platz, z.B. eine Pinnwand und ein Briefkasten, eingerichtet werden.

Das Schülerparlament sollte nicht dazu genutzt werden, Verantwortungen abzuwälzen (z.B. mit der eigenständigen Organisation von Festen). Vielmehr sollte die gegenseitige gemeinsame Unterstützung das Ziel sein.

Sind Kollegen gegen ein Schülerparlament, weil zu viel Unterricht verloren geht, kann als Kompromiss der Vorschlag gemacht werden, dass das Parlament außerhalb der Pflichtunterrichtszeit tagt, für die Information der Mitschüler jedoch Unterrichtszeit zur Verfügung gestellt wird.

16 Erlebnispädagogik

Lernen ist Erleben – Erleben ist Lernen.

Die Wurzeln der Erlebnispädagogik gehen vorrangig auf die Reformpädagogische Bewegung zurück, in der das Erleben in Form von entdeckendem, handlungsorientiertem Lernen im Mittelpunkt stand. Heute gibt es viele

Soziales Lernen und Gruppenförderung

verschiedene Ideen und Konzepte, die erlebnispädagogische Elemente in den Schulalltag integrieren. Meist werden kooperative Abenteuerspiele genutzt. Stellvertretend sollen an dieser Stelle nur zwei Ideen exemplarisch vorgestellt werden.

Ziele

Erlebnispädagogische Elemente fördern die Sozial-, Persönlichkeits-, Handlungs- und Teamkompetenz von Schulklassen und Schülern. Wesentliche Kennzeichen sind die Bildung und Stärkung der Ich-Kompetenz, die Übernahme von sozialer Verantwortung, die Eingliederung in die Klassengemeinschaft sowie der Erwerb von methodischen Kompetenzen. Der Lernprozess wird durch eine Lernschleife, in der erst eine Aktion, dann eine Reflexion und in dessen Folge wieder eine Handlung erfolgt, unterstützt. Erlebnispädagogische Aktionen können aus mehreren Lernschleifen bestehen, die aufeinander aufbauen. Die neuen Erfahrungen und Erkenntnisse einer Lernschleife werden in der darauffolgenden Schleife benötigt, um die Aufgabe erfolgreich zu meistern. Dadurch werden Lernerfahrungen geprobt, gefestigt, weiterentwickelt und auf andere Situationen transferiert (Senninger 2000).

Im Folgenden werden exemplarisch zwei Ideen vorgestellt:

a In Seenot (Decke wenden)

Die Übung erfordert Geschick und Kooperation. Die Gruppe, die die beste Strategie entwickelt und dann optimal zusammenarbeitet, wird die Aufgabe am schnellsten lösen.

Vorbereitung

Stellen Sie mehrere Decken oder Laken zur Verfügung.

So geht's

Jeweils fünf oder sechs Schüler stehen auf einer Decke. Je mehr Personen in einer Gruppe sind oder je kleiner die Decke ist, desto schwieriger wird die Aufgabe. Die Decke stellt ein Rettungsboot dar, das verkehrt herum auf dem Meer treibt. Aufgabe der Schüler ist es nun, das Boot umzudrehen, ohne dabei das Wasser zu berühren. Berührt ein Schüler mit irgendeinem Körperteil den Boden, wird ein Handicap eingebaut: Der Schüler wird blind, d.h., er bekommt die Augen verbunden, die Arme werden zusammengebunden o.Ä. Die Übung kann entweder gegeneinander oder auf Zeit gespielt werden.

b Ab in die Reihe

Auch bei dieser Übung steht die Kooperation im Mittelpunkt. Erschwerend kommt hinzu, dass die Schüler nicht reden dürfen. Es werden außerdem motorische Fähigkeiten gefördert und Berührungsängste abgebaut.

👓 Vorbereitung

Nehmen Sie eine Turnbank, oder suchen Sie einen langen, festen Holzstamm.

🎯 So geht's

Alle Schüler stellen sich auf die Turnbank. Sie bekommen die Aufgabe, sich – ohne zu reden und ohne den Boden zu betreten – in einer festgelegten Reihenfolge, z.B. nach Junge/Mädchen, Größe, Alter, Vornamen usw. zu sortieren. Das Spiel kann auch mit zwei Teams im Wettbewerb gespielt werden.

✏️ Tipps

Elemente und Übungen der Erlebnispädagogik sind sehr gut für Inklusion geeignet, da die Besonderheiten Einzelner kooperativ bewältigt werden bzw. Schülern bewusst Handicaps auferlegt werden. Dadurch entstehen ein verändertes Wir-Gefühl und eine natürliche Hilfsbereitschaft.

Erlebnispädagogische Übungen und Spiele erfordern meist ein besonderes Geschick von den Durchführenden. Bitte bedenken Sie eventuelle Gefahren. Beugen Sie Unfällen durch Sicherungsmaßnahmen, Hilfestellungen und ein möglichst gefahrenfreies Umfeld vor.

Es gibt eine Vielzahl von Literatur und Internetadressen, die Informationen und Ideen für das erlebnispädagogische Arbeiten in der Schule anbieten (z.B.: www.schulerlebnispaedagogik.de).

Strukturieren des Lernstoffs und Erwerb von Methodenkompetenzen

Ideen 17–24

> Zur selbstständigen Erarbeitung von Themen im geöffneten oder offenen Unterricht sind die Strukturierung und eine umfassende Methodenkompetenz besonders wichtig. Die folgenden Ideen sollen den Schülern helfen, eine umfassende Methodenkompetenz zu erlangen.

17 Strukturlegen

Das Strukturlegen ähnelt der Erstellung einer Mind-Map. Während beim Mind-Mapping aber Begriffe selbst entwickelt werden, sind sie beim Strukturlegen vorgegeben.

Ziele

Strukturlegen hilft dabei, Begriffe und Sachverhalte individuell zu ordnen und dadurch nachhaltig zu speichern.

Vorbereitung

Die Schüler erhalten Karten, auf denen jeweils ein Begriff zu einem bestimmten Oberthema steht. Sie können z.B. die Karteikarten aus Idee 24 (Kartenmemory®) nutzen.

So geht's

Jeder Schüler sortiert die Begriffe, klärt ihre Bedeutung und bringt sie dann in eine für ihn sinnvolle Struktur. Zur Verdeutlichung werden Überschriften, Verbindungslinien, Pfeile, Skizzen, Visualisierungen oder Anmerkungen ergänzt. Ähnlich wie bei einer Schreibkonferenz können sich die Schüler anschließend gegenseitig ihre Übersichten vorstellen, diese diskutieren und ggf. verändern. Auch Sie können im Zweifelsfalle helfend oder erklärend eingreifen. Abschließend werden die Karten aufgeklebt. Dadurch kann die Übersicht zum weiteren Arbeiten genutzt werden.

Strukturieren des Lernstoffs und Erwerb von Methodenkompetenzen

✏ Tipps

Die Idee eignet sich gut zur Vorbereitung von Klassenarbeiten, da sie wie kognitive Landkarten die nachhaltige Speicherung von Lerninhalten unterstützt.

Als Variante können die Schüler selbst Karten zu einem Thema schreiben. Im Gegensatz zur Mind-Map ist es möglich, die Karten immer wieder zu verschieben, bis eine zufriedenstellende Anordnung gefunden wurde.

18 Mind-Map

Die Methode des Mind-Mappings, also des Gedanken-Landkarten-Zeichnens, stammt ursprünglich von Tony Buzan und beschreibt eine Technik, sich Dinge zu veranschaulichen bzw. Sachverhalte gedanklich zu strukturieren.

👑 Ziele

Mit Hilfe einer Mind-Map kann sich der Schüler ein Thema visualisieren und damit besser erschließen. Durch die strukturierte Darstellungsweise sind die Inhalte leichter zu merken.

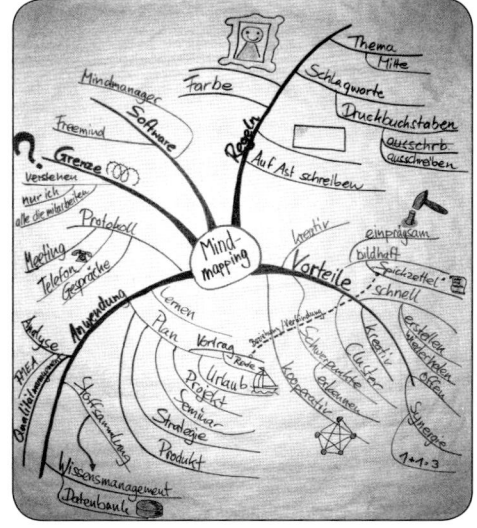

👓 Vorbereitung

Nehmen Sie ein großes, leeres Blatt Papier.

🎯 So geht's

Formulieren Sie in der Mitte des Blatts in Großbuchstaben das Thema. Davon gehen in – meist vier oder fünf – dicken und dann schmaler werdenden Strängen die Hauptthemen ab. Pro Strang wird ein Schlüsselbegriff in Großbuchstaben geschrieben. Von diesen Strängen zweigen wiederum Linien ab, die weitere Gedankenebenen, nun in Kleinbuchstaben, darstellen. Eine Mind-Map besteht also quasi aus mehreren Baumdiagrammen.

Strukturieren des Lernstoffs und Erwerb von Methodenkompetenzen

✏ Tipps

Verschiedene Farben der einzelnen Äste oder eines besonderen Gedankens können die Einprägsamkeit noch verstärken.

Mind-Mapping muss geübt werden. Für Schüler ist es oft nicht einfach, Gedanken klar zu strukturieren. Zu Beginn einer Unterrichtseinheit kann deshalb eine gemeinsame Mind-Map in Form eines Brainstormings erarbeitet oder Ergebnisse aus Gruppenarbeiten mit Hilfe einer Mind-Map vorgestellt werden.

19 Lernwegkarte

Mit Hilfe einer Lernwegkarte können die Schüler ihren eigenen Lernweg von der Problemstellung bis zur Lösung nachzeichnen. Im Gegensatz zur Mind-Map (Idee 18), die eine Sammlung von spontanen Impulsen enthält, wird in der Lernwegkarte ein strukturierter Lösungsweg entwickelt.

👑 Ziele

Die Lernwegkarte zeigt die Lösungsfindung einschließlich Problemen und Umwegen. Sie dient der Sicherung und Fixierung des Lösungsweges. Gleichzeitig können sowohl Sie als auch die Schüler den Lernweg nachvollziehen. Auf diese Weise reflektieren sie ihren Lernweg und können sich eine Systematik erarbeiten. In einer Reflexionsphase können die Lernwege verschiedener Schüler verglichen und Strategien entwickelt werden.

👓 Vorbereitung

Auf einem Blatt Papier werden Problem und Zielpunkt an gegenüberliegenden Enden eingetragen.

👁 So geht's

Es gibt zwei Vorgehensmöglichkeiten:

... Vor Beginn der Arbeit notieren die Schüler ihren geplanten Lernweg auf der Karte. Anschließend besprechen Sie mit ihnen die Lernwege und verändern oder ergänzen sie bei Bedarf. Die einzelnen Lernwege werden umgesetzt. Schwierige Punkte oder Sackgassen werden farbig markiert. Zum Abschluss stellen die Schüler ihre verschiedenen Wege vor.

Strukturieren des Lernstoffs und Erwerb von Methodenkompetenzen

... Im Verlauf ihrer Arbeit notieren die Schüler wichtige Schritte auf dem Weg zur Lösung. Sollte ein unlösbares Problem auftauchen, kann der betreffende Schüler andere Schüler aufsuchen und ggf. deren Lernwege nutzen. Nach der Lösung des Problems wertet der Schüler seinen Lernweg aus, indem er überlegt, was er beim erneuten Lösen eines Problems ändern kann. In einer Reflexionsphase werden die verschiedenen Lernwege vorgestellt.

Beispiele für den Einsatz im Unterricht

Deutsch
Eine Lernwegkarte kann z.B. bei der Erschließung eines Gedichts eingesetzt werden. Stationen könnten z.B. Informationen zur Textgattung oder Epoche, Analyse der Strophen sowie Details über den Verfasser sein.

Mathematik
Zur Lösung einer komplexen Aufgabe werden einzelne Rechenschritte zur Lösung vermerkt. Sollte ein Schüler die Aufgabe nicht lösen können, kann er seinen Weg mit einem Mitschüler vergleichen und ggf. korrigieren.

Naturwissenschaften
In diesem Bereich kann die Lernwegkarte helfen, einen Versuchsaufbau und die Durchführung in einzelnen Schritten zu planen. Ausgangspunkt ist dabei eine Hypothese, die verifiziert werden soll.

Sozialkunde
Hier kann ein soziales oder gesellschaftspolitisches Problem als Ausgangpunkt dienen. Meist ist die Lösung für dieses Problem schon ersichtlich, während die Schritte zur Lösung nicht klar sind. Die Lernwegkarte kann dabei helfen, einen systematischen Lösungsweg mit Alternativen zu entwickeln.

Tipps

Insbesondere das letzte Beispiel eignet sich auch gut für die Lösung in der Gruppe. Dabei wird gemeinsam eine Lernwegkarte entworfen.

Strukturieren des Lernstoffs und Erwerb von Methodenkompetenzen

20 Planungsbogen

Viele Menschen sind es nicht mehr gewohnt, eigenaktiv tätig zu werden. Sie hoffen oder warten sogar darauf, „an die Hand genommen" zu werden. Geöffnetes Arbeiten fördert das selbstbestimmte, selbstorganisierte Lernen. Ein Planungsbogen kann dabei helfen. Er sollte jedoch nicht als Schema zum Abarbeiten, sondern als Anregung zur Strukturierung der Arbeit gesehen werden.

Ziele

Die Schüler sollen sich ihr Vorgehen bewusst machen. Der Planungsbogen hilft, das selbstständige Arbeiten zu strukturieren und zu erleichtern.

Vorbereitung

Zu Beginn sollten Sie die Schüler anleiten und das Schema mit ihnen besprechen. Anschließend können sie sich selbstständig am Planungsbogen orientieren.

So geht's

Die Beschäftigung mit einem Thema lässt sich meist in drei Phasen einteilen. Jede der Phasen sollte durchdacht und strukturiert werden. Die folgenden Tipps können dabei helfen.

1. Erfassung des Problems

Zu Beginn der Arbeit steht die Leitfrage: Worum geht es überhaupt, und was hat das Problem mit mir zu tun?/In welcher Beziehung stehe ich zum Thema?

Um die Leitfrage zu klären, sind Arbeits- und Erschließungsfragen hilfreich:
- … Um welchen Sachverhalt, welches Problem oder Thema geht es?
- … Was weiß ich bereits darüber?
- … Welche Erfahrungen habe ich dazu?
- … Wie stehe ich zu dem Thema?
- … Welche Meinungen und Ansichten gibt es?
- … Wie kann ich das Thema am besten bearbeiten (Sozialform)?

Strukturieren des Lernstoffs und Erwerb von Methodenkompetenzen

... Benötige ich Hilfen, wenn ja, welche?
... Welche Lösungsvorschläge oder Hypothesen kann ich aufstellen?

Ist das Problem erfasst, können die äußeren Bedingungen für die Bearbeitung geklärt werden. Anschließend beginnt die Bearbeitungsphase.

2. Bearbeitung des Problems

Auch vor der Bearbeitung sollten einige Fragen geklärt werden. Ähnlich wie in Idee 28 (Eigenständige Arbeit am selbstgewählten Thema) kann ein Planungsbogen helfen.

3. Präsentation der Ergebnisse

Lange bevor die Ergebnisse präsentiert werden, sollten sich die Schüler überlegen, wie die Präsentation aussehen sollte.

Dabei können folgende Fragen helfen:

... Wie kann ich die Ergebnisse interessant und spannend präsentieren?
... Welche Präsentationsform ist dazu geeignet?
... Welche Hilfsmittel benötige ich für die Darstellung?

Da dem fachkundigen Präsentieren in geöffnetem Unterricht ein besonderer Stellenwert zukommt, finden sich Präsentationsformen in einem eigenen Unterkapitel (Ideen 86–96).

 **Tipps**

Sehen Sie den Planungsbogen als Vorschlag an, und wandeln Sie ihn nach Ihren Bedürfnissen ab.

Lassen Sie den Schülern den Freiraum, ihre eigene Struktur zu finden.

Planungsbogen

Welches Thema wird bearbeitet? ....

Mit wem arbeite ich zusammen? ....

Wie viel Zeit habe/benötige ich? ....

Wo und wie kann ich mich informieren? .....

Welche Arbeitsmittel brauche ich? ....

Welche Schwierigkeiten könnte es geben? ...

Wie präsentiere ich das Thema? ....

🔲 5-Schritt-Lese-Methode

Die Methode stammt von H. Klippert und soll den Schülern helfen, den Inhalt eines Textes möglichst schnell und umfassend zu verstehen.

Ziele

Ziel ist eine kompetente, zügige Texterfassung und Texterschließung.

Vorbereitung

Zur Markierung wichtiger Textstellen sollten Marker o.Ä. vorhanden sein.

So geht's

Die Texterschließung gliedert sich in fünf Schritte:

1. Überblick verschaffen
Die Schüler überfliegen zunächst den Text. Hauptaugenmerk liegt dabei auf Überschriften, den Anfängen einzelner Abschnitte oder Schlüsselwörtern.

2. Bewusst machen: Worum geht es?
Im zweiten Schritt machen sich die Schüler bewusst, was der Text aussagen möchte bzw. welche Inhalte der Text hat.

3. Gründliches Lesen
Erst jetzt wird der Text gründlich gelesen. Dabei unterstreichen die Schüler wichtige Aspekte und Schlüsselwörter, schreiben unbekannte Wörter heraus und klären Begrifflichkeiten. Dieser Schritt ist der zeitaufwändigste.

4. Teilüberschriften formulieren
Im Anschluss an das Lesen fassen die Schüler den Text mit eigenen Worten kurz zusammen und formulieren Teilüberschriften.

5. Wichtige Informationen des Textes wiederholen
In diesem letzten Schritt wird überprüft, ob alle Anfangsfragen und Begrifflichkeiten beantwortet wurden. Dazu wiederholt jeder Schüler für sich die wichtigsten Aussagen und Informationen.

Abschließend kann mit Hilfe der unterstrichenen Schlüsselwörter der Text mündlich oder schriftlich zusammengefasst werden.

Strukturieren des Lernstoffs und Erwerb von Methodenkompetenzen

✏️ Tipps

Üben Sie zunächst mit den Schülern das sinnvolle Unterstreichen. Viele Schüler unterstreichen ganze Sätze oder sogar Abschnitte. Zur Übung des sinnvollen Unterstreichens eignet sich die folgende Idee 22 (Texte reduzieren).

22 Texte reduzieren

Diese Idee ist eine Übung, um in Texten wichtige Informationen von unwichtigen zu unterscheiden. Dies ist eine grundlegende Kompetenz, um selbstständig arbeiten zu können.

👑 Ziele

Die Schüler lernen, relevante von irrelevanten Textpassagen zu unterscheiden.

👓 Vorbereitung

Geben Sie den Schülern ein Arbeitsblatt mit einem Informationstext. Außerdem benötigt jeder Schüler einen dicken, schwarzen Filzstift.

🎯 So geht's

Im Unterrichtsgespräch wird gemeinsam festgelegt und in Stichworten festgehalten, welche Informationen zur Sache aus dem Text entnommen werden sollen. Danach lesen die Schüler den Text. Dabei entscheiden sie, ob Sätze und Wörter für die Sache relevant sind oder nicht. Irrelevantes wird mit dem dicken Stift geschwärzt, sodass letztendlich nur noch einige Wörter und Sätze zu lesen sind. Abschließend wird der verbleibende Text gelesen und mit Hilfe der Stichwörter auf seine Vollständigkeit überprüft. Geübte Klassen lassen die Stichwortsammlung weg und beginnen gleich mit der Selektion. Zum Schluss wird kontrolliert, ob alle wichtigen Aussagen vorhanden sind.

✏️ Tipps

Alternativ zur Einzelarbeit kann mit einem Partner gearbeitet werden, vor allem, wenn Schüler noch Schwierigkeiten haben, irrelevante Sachverhalte auszufiltern.

Strukturieren des Lernstoffs und Erwerb von Methodenkompetenzen

23 3er-Gespräch

Bei dieser Idee trainieren die Schüler ihre Gesprächsfertigkeiten.

Ziele

Die Schüler üben das freie Reden im „geschützten Raum" einer Kleingruppe. Während ein Teilnehmer strukturiert einen Begriff erklärt, hören die anderen beiden aktiv zu. Dabei bringen die Schüler bereits vorhandenes Wissen mit neuem Wissen zusammen.

Vorbereitung

Die Schüler finden sich in 3er-Gruppen zusammen. Dann erhalten sie Karteikarten mit Begriffen. Es wird eine feste Zeitspanne vereinbart, in der der Begriff erklärt wird.

So geht's

Jeder Schüler sucht sich eine Karteikarte mit einem Begriff, den er kennt und gut erklären kann. Nun beginnt ein Schüler, genau in der abgesprochenen Zeitspanne seinen Begriff zu erläutern. Die anderen beiden Schüler hören zu und stellen Verständnisfragen. Nach Ablauf der Zeit fasst einer der beiden Zuhörer den Vortrag kurz zusammen. Danach wird gewechselt. Anschließend wird der Vortrag wieder von einem Schüler zusammengefasst, bevor Schüler 3 an der Reihe ist. Alle drei Schüler sollten jetzt über alle drei Begriffe informiert sein. Zum Abschluss tauschen die Schüler ihre Erfahrungen im Kreis aus.

Tipps

Sie können die Begriffe aus dem Kartenmemory® (Idee 24) nutzen.

Die Zeitspanne für die Vorträge kann je nach Begrifflichkeiten, Alter der Schüler oder Schulform variiert werden.

Strukturieren des Lernstoffs und Erwerb von Methodenkompetenzen

24 Kartenmemory®

Diese Idee verdeutlicht den Schülern die Vorteile von Gruppenarbeiten.

Ziele

Die Schüler erkennen, dass eine Zusammenarbeit förderlich ist, weil sie ihr Wissen gegenseitig ergänzen können.

Vorbereitung

Schreiben Sie 30 Begriffe zu einem Themengebiet auf je eine Karteikarte. Die Begriffe sollten den Schülern nicht so geläufig sein.

So geht's

Zuerst arbeiten die Schüler einzeln. Präsentieren Sie ihnen die Begriffe jeweils nacheinander auf drei verschiedene Arten: zehn Begriffe **optisch**, zehn Begriffe **akustisch**, zehn Begriffe **optisch und akustisch**.

Im Anschluss an jede der drei Phasen haben die Schüler eine Minute Zeit, um sich die Begriffe einzuprägen. Danach schreiben sie diese aus dem Gedächtnis in beliebiger Reihenfolge auf. Fordern Sie nun die Schüler auf, sich in kleinen Gruppen zusammenzusetzen und die Liste gemeinsam zu vervollständigen. Abschließend lesen Sie alle Begriffe noch einmal vor. Die Gruppen geben ein Handzeichen bei fehlenden Begriffen. In einer Reflexionsphase erkennen die Schüler, dass alle Gruppen nahezu alle Begriffe nennen konnten. Dadurch lernen sie den Wert des gemeinschaftlichen Arbeitens zu schätzen.

Tipps

Die Karteikarten können auch für das 3er-Gespräch (Idee 23) genutzt werden.

Im Prinzip kann die Idee in nahezu allen Klassenstufen und allen Fächern eingesetzt werden: Biologie/Evolution (Darwinismus, Mutation, Selektion, dominant, rezessiv …), Wirtschaftslehre (Wirtschaftswachstum, Bruttosozialprodukt, Mehrwertsteuer, Stabilitätsgesetz …), Mathematik/Geometrie (Strecke, Parallele, Kreis, senkrecht, kongruent, Ebene, Winkel …).

Selbstständige Wissensaneignung

Ideen 25–34

Die selbstständige, individuelle Wissensaneignung ist das zentrale Thema des geöffneten oder offenen Unterrichts. Die folgenden Ideen unterstützen diese Vorgehensweise.

25 Lesen durch Schreiben

Die Methode Lesen durch Schreiben wurde von Jürgen Reichen entwickelt. Sie folgt zwei Prinzipien:

- Mit Hilfe einer Anlauttabelle schreiben die Kinder quasi von Schulbeginn an alle Wörter lautgetreu auf. Das Lesen wird nicht geübt. Es entwickelt sich als Begleitprodukt nebenbei.
- Das zweite Prinzip ist das selbstständige, selbstgesteuerte Lernen. Jedes Kind lernt Schreiben und Lesen, entsprechend seinem eigenen Tempo.

Ziele

Im Gegensatz zum Lehrgangsunterricht, in dem die Schüler am Anfang nur wenige Buchstaben lesen und schreiben können, bietet der Umgang mit der Buchstabentabelle die Möglichkeit, jedes Wort aufzuschreiben, das das Kind schreiben möchte. Dementsprechend hat die Methode einen hohen Motivationscharakter. Ziel ist also, das Lesen und Schreiben zu lernen sowie Freude am Verfassen von eigenen Texten zu entwickeln.

Vorbereitung

Die Kinder benötigen lediglich eine Buchstabentabelle. Falko Peschel geht sogar noch weiter, indem er vorschlägt, Kinder ihre eigene Tabelle entwickeln zu lassen (Peschel 2011).

So geht's

Die Kinder zerlegen das Wort lautgetreu und schreiben es dann mit Hilfe der Anlauttabelle Laut für Laut auf. Dabei durchlaufen die Kinder verschiedene Phasen: Den ersten Schritt zum Verschriften stellt das Heraushören des Anlautes dar. Die nächste Phase bezieht sich auf das Heraushören der Inlaute.

Selbstständige Wissensaneignung

Hier kann es teilweise zu Schwierigkeiten kommen, da Kinder mitunter noch nicht in der Lage sind, alle Laute, insbesondere Vokale, zu diskriminieren. Häufig kommt es in dieser Phase zur so genannten Skelettschrift (z.B. LMP statt Lampe). Diese Zwischenstufe ist, wie auch im Stufenmodell zur Schreib- und Rechtschreibentwicklung von Spitta beschrieben (Spitta 1992), normal, und wird von den Kindern unterschiedlich schnell überwunden.

Tipps

Informieren Sie Eltern frühzeitig, wenn Sie mit dieser Methode arbeiten wollen. Weisen Sie sie insbesondere darauf hin, dass sie Laute in Gegenwart des Kindes phonetisch versprachlichen (also „b" statt „beh" usw.).

Die Methode eignet sich genauso für Kinder mit besonderem Förderbedarf. Hier ist eventuell, der besseren Übersichtlichkeit halber, zu überlegen, nur Groß- oder nur Kleinbuchstaben auf der Tabelle anzugeben und auf seltene Buchstaben vorerst zu verzichten.

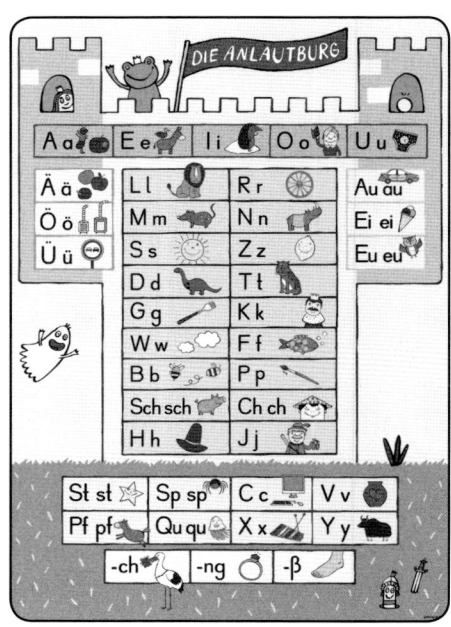

(in: Die Anlaut-Burg, vgl. Literaturverzeichnis)

26 Eigenständige Arbeit am gemeinsamen Thema

Bei dieser Idee steht ein gemeinsames Oberthema im Mittelpunkt, von dem die Schüler besondere Einzelaspekte bearbeiten. Abschließend präsentieren sie ihre Ergebnisse, sodass zum Schluss alle Schüler mit dem gesamten Thema vertraut sind.

Ziele

Das selbstständige Lernen wird gefördert. Die Schüler erlangen Spezialwissen auf ihrem Gebiet und eignen sich somit Fachkompetenzen an. Das Thema kann von vielen unterschiedlichen Aspekten gesehen und bearbeitet werden. Neigungen werden beachtet und dadurch die Motivation gestärkt.

Selbstständige Wissensaneignung

👓 Vorbereitung

Wählen Sie ein Thema, das verschiedene Einzelaspekte zulässt. In jüngeren Klassen könnte es z.B. das Thema „der Igel" sein. Bei älteren Schülern sollten die Themen weiter geöffnet werden. Hier bieten sich Themen wie „Zootiere" oder noch allgemeiner „Afrika" an.

Stellen Sie je nach Klassenstufe und je nachdem, wie weit die Schüler mit eigenständigem Lernen vertraut sind, Materialien (Sachtexte, Bilder usw.) bereit, oder machen Sie Quellen (Bibliothek, Internet usw.) für die Schüler zugänglich.

🎯 So geht's

1. Vorstellung des Themas und Wahl eines inhaltlichen Schwerpunktes

Führen Sie das Thema im Kreis ein. Die Schüler tragen kurz zusammen, was sie über das Thema wissen. Anschließend erhält jeder Schüler einen Papierstreifen. Auf diesen schreibt er Fragen zum Thema. Alle Streifen werden auf ein Poster geklebt. Nachdem sich alle Schüler mit allen Fragen vertraut gemacht haben, wird festgelegt, wer welche Fragen bzw. Themengebiete bearbeitet. Dabei können, interessengeleitet oder vorgegeben, verschiedene Sozialformen gewählt werden (Einzel-, Partner-, Gruppenarbeit). Klären Sie abschließend, welchen zeitlichen Rahmen die Schüler haben und in welcher Form die Präsentation stattfinden soll. Für jüngere Schüler eignet sich das Erstellen eines Posters oder Plakates (nach einem vorgegebenen Schema), während ältere Schüler auch andere Präsentationsformen wählen können.

2. Eigenständige Arbeit am Teilaspekt

Nun arbeiten die Schüler an ihren Aufgaben. Dazu sollten sie verschiedene Quellen nutzen. Auch eine räumliche Aufteilung sollte, wenn möglich, zum ruhigeren Arbeiten in Betracht gezogen werden.

3. Präsentation des Teilaspektes – Einbettung in das Gesamtthema

Abschließend präsentieren die Schüler ihre Ergebnisse der Lerngruppe. Im Anschluss an jede Präsentation sollte eine kritische Würdigung stattfinden, bei der die Schüler reflektieren, ob die Präsentation informativ war und die anfangs gestellten Fragen nun beantwortet sind. Außerdem sollte darauf eingegangen werden, ob die Darstellungsweise übersichtlich, sorgfältig und angemessen ist.

Selbstständige Wissensaneignung

🖉 Tipps

Je jünger die Schüler sind, je freier sie arbeiten und je weniger sie mit geöffnetem Arbeiten vertraut sind, desto strukturierter müssen die Vorgaben sein.

Auch bei dieser Idee gilt: Halten Sie sich weitgehend zurück, und lassen Sie, insbesondere die kritische Würdigung, von den Schülern vornehmen. Ergänzen Sie lediglich ungenannte Aspekte, oder schließen Sie sich der Schülermeinung an.

Neben der normalen Präsentation mit Hilfe eines Posters oder einer Powerpoint-Präsentation ist es denkbar, zusätzlich ein Buch zu erstellen, das am Schluss zusammengefügt wird und in dem die Schüler ihre Ergebnisse festhalten. Auf diese Weise können sie später immer wieder auf die erarbeiteten Informationen zurückgreifen. Es ist nicht unbedingt notwendig, dass jeder Schüler ein Buch erhält. Es genügt, wenn das Original in der Klassenbücherei steht.

27 Arbeitsteilige Gruppenarbeit am gemeinsamen Thema

Diese Idee ähnelt der vorherigen Idee "Eigenständige Arbeit am gemeinsamen Thema". Hier wird jedoch zuerst ein gemeinsamer Grundstock erarbeitet, bevor sich die Schüler Wahlthemen zuwenden. Aus diesem Grund eignet sich die Idee besonders für Klassen, die mit dem geöffneten Arbeiten noch nicht so vertraut sind. Zur Veranschaulichung erläutere ich die Idee am Beispiel des Themas „Vögel" (Idee in: Bannach 1997, S. 30 ff.).

👑 Ziele

Auch bei dieser Idee stehen das selbstständige Lernen und die Eigenorganisation im Mittelpunkt. Durch die Beschäftigung mit selbstgewählten Unterthemen soll außerdem die intrinsische Motivation angeregt werden, was zu einem nachhaltigeren Lernerfolg führt.

👓 Vorbereitung

Je nach Thema und Klassenstufe sollten Literatur und andere Quellen bereitstehen.

Selbstständige Wissensaneignung

Für dieses Beispiel eignen sich verschiedene (Sach-)Bücher aus der Mediensammlung der Schule, aus der Bücherei und Materialien von Natur-/Vogelschutzbünden. Außerdem können Schüler selbst Materialien mitbringen.

So geht's

Zu Beginn der Unterrichtseinheit beschäftigt sich die gesamte Klasse gemeinsam mit verbindlichen Lerninhalten. Dazu gehören z.B. der Aufbau eines Vogelkörpers, der Flug der Vögel, die Beschaffenheit einer Vogelfeder, die Ernährung der Vögel/Futterplätze, Nest und Nestbau, Heranwachsen und Aufzucht der Jungen, Nesthocker/Nestflüchter, Vögel in der Großstadt, Schutz/Hilfe für Vögel in verschiedenen Lebensräumen (Winterfütterung) sowie der Gesang der Singvögel. Erarbeiten Sie anschließend zusammen mit Ihrer Klasse Kriterien der Plakatgestaltung mit Hilfe eines fertigen Plakates (z.B. aus einer höheren Klasse). Dazu gehören: eine deutliche Überschrift, große Zeichnungen, gut lesbare, fehlerfreie Schrift, kurze Texte, Bilder zum Text, übersichtliche Anordnung.

Im Anschluss an den gemeinsamen Teil der Unterrichtseinheit folgt das Arbeiten an eigenen Schwerpunkten. Geben Sie dazu einen Planungsbogen aus:

Planung der Arbeit am Thema: *Vögel*

1. Mit welchem Wahlthema willst du dich beschäftigen?
   Finde eine Überschrift!..............................
2. Schreibe Fragen auf, die dich an deinem Thema interessieren. ...
3. Arbeitest du alleine, mit einem Partner oder in der Gruppe?
   Schreibe die Namen der Schüler auf, mit denen du arbeitest. ....
4. Wie willst du die Ergebnisse festhalten?...................
5. Wie willst du deine Ergebnisse präsentieren?................
6. Welche Materialien benötigst du?
   Woher bekommst du sie? ....
7. Welche Bücher willst du benutzen?
   Schreibe die Buchtitel auf............................
8. Benötigst du Hilfe, oder hast du Fragen, die du nicht alleine klären kannst? ....

(nach Bannach 1997, S. 37)

Selbstständige Wissensaneignung

Beispiele für selbstgewählte Themen können sein: Störche, der Mauersegler, die Amsel, Entenvögel, Greifvögel, Schnabel und Fußformen, Lebensraum Park.

Schüler, die mit ihrem Thema fertig sind, können noch zusätzliche Aufgaben erledigen. Mögliche Ideen hierzu sind: Herstellung eines Vogelerkennungsspiels, eines Vogelstimmenquiz sowie eines Würfelspiels mit Fragen zu Vögeln.

Zum Abschluss der Unterrichtseinheit präsentieren die Schüler ihre Ergebnisse. Planen Sie dazu eine Ausstellung, in der an Stellwänden die Poster gezeigt werden. Auf einem Tisch präsentieren die Schüler ihre Spiele sowie einen Nistkasten, ein Vogelnest und ausgestopfte Vögel.

Wie bei der vorherigen Idee sollte die Auswertung auch ein Feedback zur Präsentation enthalten.

Tipps

Zur Würdigung der Schülerergebnisse ist es besonders empfehlenswert, die Ausstellung auch anderen Klassen, z.B. im Rahmen eines Schulfestes o.Ä., zugänglich zu machen oder andere Klassen zur Ausstellung einzuladen. Die Beteiligten sollten für Fragen und zur Aufsicht an den Ausstellungstischen verfügbar sein.

28 Eigenständige Arbeit am selbstgewählten Thema

Eine inhaltliche Öffnung des Unterrichts setzt voraus, dass die Schüler mit geöffnetem Unterricht bereits vertraut sind. Außerdem riskieren Sie, dass die Schüler Themen wählen, die Sie selbst nicht gewählt hätten und in denen Sie sich nicht so gut auskennen. Dieser Aspekt sollte jedoch auf keinen Fall ein Hinderungsgrund sein, sondern eher als Herausforderung gesehen werden.

Ziele

Die Schule soll die Schüler zur Selbstständigkeit befähigen. Dies ist möglich, wenn Schüler zum Tätigsein aus eigener Initiative angeregt werden und an der Gestaltung der Lernorganisation sowie der Themenwahl beteiligt sind (Bannach 1997, S. 58 ff.). Diese Zielsetzungen können mit eigenständigem Lernen an selbstgewählten Themen erreicht werden. Die Idee fordert die Schüler in 3-facher Weise zu zielgerichtetem Handeln auf:

Selbstständige Wissensaneignung

... Durch einen Planungsbogen oder Lernvertrag machen sich die Schüler Arbeitsphasen bewusst und strukturieren das Thema und ihre Vorgehensweise.
... In Gesprächskreisen planen sie die folgenden Arbeitsphasen und verschaffen sich einen Überblick über den eigenen Lernweg.
... Durch die gemeinsame Diskussion erörtern sie Probleme und Schwierigkeiten und suchen zusammen nach Lösungswegen.

Vorbereitung

Bei der Vorstellung der Idee orientiere ich mich an Bannach (1997, S. 60 ff.). Es ist jedoch auch ein anderes Vorgehen oder ein veränderter zeitlicher oder organisatorischer Rahmen möglich.

Kündigen Sie die eigenständige Arbeit an selbstgewählten Themen zu Wochenbeginn an. An diesem Tag werden lediglich Themen als Ideen an der Tafel gesammelt. Damit ist ein Anstoß zur Interessenfindung sowie zur Paar- oder Gruppenbildung gegeben. Im Laufe der Woche stellen die Schüler außerdem einen Plan (ähnlich dem der arbeitsteiligen Gruppenarbeit am gleichen Thema) auf. Folgende Fragen können dabei helfen:

Planung der Arbeit am selbstgewählten Thema:

1. Mit welchem Thema willst du dich beschäftigen? Finde eine Überschrift! . . . .
2. Was interessiert dich besonders an deinem Thema? Was möchtest du über dein Thema wissen? Notiere Fragen . . . .
3. Arbeitest du alleine, mit einem Partner oder in der Gruppe? Schreibe die Namen der Schüler auf, mit denen du arbeitest. . . . . .
4. Wie willst du die Ergebnisse festhalten? . . . .
5. Wie willst du deine Ergebnisse präsentieren? . . . .
6. Welche Materialien benötigst du? Woher bekommst du sie? . . . .
7. Welche Bücher willst du benutzen? Schreibe die Buchtitel auf. . . . .
8. Benötigst du Hilfe, oder hast du Fragen, die du nicht alleine klären kannst? . . . .

(nach Bannach 1997, S. 61)

Selbstständige Wissensaneignung

Die eigentliche Arbeit beginnt eine Woche später und geht über einen Zeitraum von vier Wochen. Für den Freitag der Vorbereitungswoche ist z.B. ein Bibliotheksbesuch sinnvoll.

So geht's

Im Zentrum steht die Erarbeitung eines Themenheftes, in dem wichtige Informationen in Form von Texten, Bildern oder beschrifteten Zeichnungen gesammelt werden. Heften Sie es nach den Präsentationen der Themen. Im Anschluss daran verbleibt es in der Leseecke.

Die Schüler haben jeden Tag zwei bis drei Stunden Zeit, sich mit ihren Themen zu beschäftigen. Jeder Tag beginnt mit einem Kreis, in dem die Arbeitsvorhaben benannt und eventuelle Schwierigkeiten angesprochen werden. Anschließend arbeiten die Schüler an ihren Themen. Ihre Aufgabe ist es, wenn nötig, Hilfestellungen zu geben. Es kann auch sinnvoll sein, zu Beginn eine gemeinsame Einführung in den Umgang mit Sachbüchern durchzuführen oder einzelne Schüler oder Schülergruppen gezielt zu unterstützen.

Haben die Schüler ihr Projekt beendet, stellen sie es im Kreis vor. Die Zuhörer dürfen an die Experten Fragen stellen. Ggf. kann es sein, dass die betreffenden Schüler auf Grund der Fragen ihr Projekt noch einmal nacharbeiten oder ergänzen müssen. Außerdem wird jedes Thema nach seiner Fertigstellung und Präsentation kritisch gewürdigt.

Sollte noch Zeit im vorgegebenen Zeitraum verbleiben, können die Schüler Zusatzmaterialien zu ihrem Projekt, wie z.B. ein Quiz, entwerfen oder sich mit anderen Aufgaben beschäftigen.

Tipps

Bannach kritisiert selbst, dass sich viele Fragen erst bei der Beschäftigung mit einem Thema ergeben. Von daher ist zu hinterfragen, ob der Planungsbogen nicht dahingehend verändert oder im Laufe der Bearbeitungszeit ergänzt werden sollte.
Es ist möglich, diese Idee in Form eines Projektes durchzuführen. So schlägt Bannach (1997) z.B. zwei vierwöchige Projektzeiten im Schuljahr vor, in denen die Schüler an selbstgewählten Themen arbeiten können.

Selbstständige Wissensaneignung

Effektiver ist jedoch eine durchgehende Arbeit an selbstgewählten Themen (Peschel 2003). Wenn es Ihnen – wie wohl den meisten – nicht möglich ist, durchgehend offen zu arbeiten, können Sie auch eine wöchentliche Zeit (stundenweise an verschiedenen Wochentagen oder immer an einem bestimmten Tag in der Woche) zur eigenständigen Arbeit an selbstgewählten Themen nutzen. Dadurch gewöhnen sich die Schüler stärker an das selbstständige Arbeiten. Es bleibt nicht mehr nur ein- oder 2-mal im Schuljahr ein „Bonbon", sondern wird fester Bestandteil.

Gerade wenn die Schüler zum ersten Mal so offen arbeiten, ist es ratsam, eine zweite (und dritte) Person zur Unterstützung zu haben. Dies könnten z.B. Eltern, Praktikanten oder Experten zu einem Thema sein. Die Personen sollten jedoch über die Art des Lernens Bescheid wissen, um nicht zu früh und zu stark einzugreifen.

29 Zugänge zu klassischer Musik durch Zeichnen, Spielen und Schreiben

Klassische Musik ist im Alltag vielerorts verschwunden. Da sie jedoch wichtiges Kulturgut und auch eine Grundlage für viele moderne Musikrichtungen und -stücke darstellt, sollte sie auch in die Schule ihren Platz haben.

Um die Musik ganzheitlich zu erfahren, wird bei dieser Idee quasi das Pferd von hinten aufgezäumt: Die Schüler bringen nach dem Hören der Musik ihre Vorstellungen in eigenen Bildern, Szenen und Texten zum Ausdruck. Erst am Ende der Einheit erfahren sie etwas über den Komponisten, die Hintergründe und ggf. die Bilder, die den Komponisten zur musikalischen Gestaltung angeregt haben.

Ziele

Die Schüler sollen lernen, Musik bewusst wahrzunehmen sowie Gefühle und Bilder darin zu erkennen. Das Hören soll gezielt geschult werden.

Vorbereitung

Besonders geeignete Voraussetzungen, Schüler an klassische Musik heranzuführen, bietet Programmmusik, da sie sich auf außermusikalische Vorgänge bezieht. In der Programmmusik werden Naturereignisse oder typische

> Selbstständige Wissensaneignung

Verhaltensweisen von Menschen oder Tieren dargestellt. Dadurch kommt sie in ihrer Bildhaftigkeit dem gegenständlich-konkreten Denken von Schülern entgegen (Bannach 1997, S. 76 ff.). Bannach wählt für seine Unterrichtseinheit das Musikstück „Bydlo" aus „Bilder einer Ausstellung" von Mussorgsky.

🎯 So geht's

Sie können die Unterrichtseinheit mit folgenden Worten beginnen:

Ein Komponist besuchte einmal eine Bilderausstellung. Unter den vielen Gemälden faszinierte ihn eines ganz besonders, sodass er versuchte, es zu Hause auf dem Klavier in Musik umzusetzen. In den einzelnen Tönen wollte er die Erinnerung an das Bild festhalten. – Ihr hört nun dieses Stück, das eine kurze Geschichte erzählt. Versucht, das zu zeichnen, was euch beim Zuhören durch den Kopf geht. (nach Bannach 1997, S. 76)

Verteilen sie nach einem ersten Zuhören Schmuckrahmen, auf die die Schüler beim wiederholten Abspielen der Musik zeichnen können. Auf Wunsch der Schüler spielen Sie das Musikstück noch einige Male vor.

Zu der folgenden Stunde werden die Bilder ausgehängt, sodass alle sie betrachten können. Während die Musik im Hintergrund läuft, schauen sich die Schüler die einzelnen Bilder an. Geben Sie anschließend einen neuen Arbeitsauftrag: Die Schüler finden sich in zwei oder mehr Teilgruppen zusammen und erfinden eine Szene oder Geschichte, die sie zur Musik spielen können. Dabei sollen die Bewegungen zur Musik passen. Am Ende der Stunde oder in der Folgestunde spielen sie das Ergebnis vor. Im Anschluss daran setzt sich die Klasse zusammen und überlegt, was ihnen am Spiel gefallen hat und was besser gemacht werden könnte. Die Ideen können aufgegriffen und in weiteren Spielvarianten umgesetzt werden.

In einem dritten Schritt setzen sich die Schüler mit der Musik auseinander, indem sie einen Text dazu verfassen. Dieser kann, wie auch das Bild, völlig frei sein. Bei Klassen, die mit einer völligen Freiheit überfordert sind, können Sie auch Schreibanregungen geben. Diese könnten sich auf das szenische Spiel beziehen.

Am Ende der Unterrichtseinheit werden die Geschichten vorgelesen und gewürdigt. Geben Sie erst jetzt den Komponisten und seine Intention bekannt, und sprechen Sie über sein Leben und seine Werke.

Selbstständige Wissensaneignung

✎ Tipps

In höheren Klassen wäre es auch denkbar, den Schülern das Medium zur Transformation der Musik freizustellen. Sie könnten zur Musik malen, zeichnen, collagieren, schreiben, tanzen, szenisch spielen, die Komposition mit Instrumenten nachspielen oder variieren und über die Eindrücke sprechen, die die Musik in ihnen auslöst.

30 Interview (zur Texterfassung)

Anders als im Namen erwartet, bezieht sich diese Idee auf das Erfassen von Texten. Die gebräuchlichste Variante zur Texterschließung ist sicher die, dass Sie, nachdem der Text gelesen wurde, Texterschießungsfragen stellen oder die Schüler den Text zusammenfassen.

Eine kreative und tiefer gehende Möglichkeit bietet das Interview.

♛ Ziele

Im Interview setzen sich die Schüler mit dem Text auseinander. Ziel ist das Erfassen, Verstehen und Wiedergeben eines gelesenen Textes.

👓 Vorbereitung

Für das Interview können unterschiedliche Textformen genutzt werden. Besonders gut eignen sich Sachtexte oder Zeitungsartikel.

🎯 So geht's

Die Schüler lesen in Kleingruppen einen Text. Anschließend stellen sie sich vor, Journalisten zu sein, die einige Experten, ebenfalls Mitglieder der Gruppe, befragen.
Dazu müssen sie zu Aussagen, die im Text stehen, Fragen formulieren. Abschließend wird das Interview vor der Klasse oder Lerngruppe vorgespielt. In der kritischen Würdigung der Zuhörer erfahren die Spieler, ob sie sinnvolle Interviewfragen zu den vorgegebenen Inhaltsbereichen formuliert haben.

> **Selbstständige Wissensaneignung**

✏️ Tipps

Es kann auch sehr viel Spaß machen, ein Märchen in Interview-Form zu interpretieren.

31 Simulationsspiel

Diese Methode ist besonders für höhere Klassenstufen an Oberschulen geeignet, da sie recht komplex ist. Sie wurde von Lehmann/Portele (1976) entwickelt und von Wenzel (1987, S. 188 ff.) für die Anwendung im Physikunterricht beschrieben, kann jedoch in vielen anderen Fächern angewandt werden.

Simulationsspiele bieten die Möglichkeit, in der Klasse gemeinsam die Spielidee, die mitwirkenden Personen, Regeln für das Verhalten, die Befugnisse sowie den Ablauf festzulegen und ggf. im Spielverlauf zu modifizieren. Insofern stellen sie eine methodische Unterrichtsform dar, innerhalb derer vielfältige Anlässe zu Mitbestimmung und handelnder Auseinandersetzung bestehen. Die Schüler können in der Simulation die Wirkung eigener Entscheidungen, aber auch gemeinsam getroffener Regelungen erleben (Wenzel 1987, S. 196).

👑 Ziele

Während in Modellen eher die statische Komponente komplexer Beziehungen aufgezeigt wird, sollen mit dem Simulationsspiel dynamische, operative und auch soziale Aspekte von Abläufen veranschaulicht werden. Durch die Handlungsorientierung (Nachspielen/Einnehmen verschiedener Rollen) ist das Lernen nachhaltiger, und emotionale Komponenten sollen nachempfunden werden.

👓 Vorbereitung

Die Vorbereitung und das benötigte Material hängen natürlich stark davon ab, in welchem Bereich das Simulationsspiel durchgeführt werden soll. Je besser die Schüler mit der Methode vertraut sind, umso eigenständiger können sie darin arbeiten und Teile der Vorbereitung oder Materialbeschaffung selbstständig übernehmen.

Selbstständige Wissensaneignung

 **So geht's**

In einer Unterrichtseinheit wird ein Phänomen ganzheitlich simuliert, d.h. es wird sowohl auf die Forschung und Entwicklung eingegangen als auch auf die Produktion sowie soziale Komponenten. Im Folgenden werde ich, zur besseren Veranschaulichung der Methode, Wenzels Beispiel aus dem Physikunterricht (1987) wiedergeben. Das Institut für Pädagogik der Naturwissenschaften (IPN) in Kiel entwickelte dazu eine Unterrichtseinheit zum Thema Steuerung und Automation. Am Beispiel des Nachbaus und Betriebs einer Flaschenabfüllanlage werden technische und soziale Probleme der Fließbandfertigung simuliert.

1. Einführung, Planung und Rollenverteilung

Nach einer kurzen Einführung in das Thema planen die Schüler, welche Arbeitsschritte bei der Flaschenabfüllung notwendig sind und welche Rollen dementsprechend verteilt werden müssen. Diese werden anschließend eingeteilt. Für das vorliegende Beispiel sind folgende Rollen denkbar:

- Das Schiedsgericht überwacht das Spiel.
- Die Verbraucher gießen die Flaschen aus und bemalen (verschmutzen) sie mit Wasserfarbe.
- Der Betriebsleiter ist am Betrieb beteiligt und strebt daher eine möglichst hohe, kostengünstige Produktion an. Er darf in den organisatorischen Ablauf durch Anweisungen eingreifen, arbeitet ansonsten jedoch nicht mit. Er hat verschiedene Angestellte und Arbeiter:
- Der Betriebskontrolleur achtet sowohl auf eine sorgfältige Ausführung der Arbeit als auch auf hohe Produktionszahlen. Ein staatlicher Kontrolleur könnte vor der Lieferung zum Verbraucher noch Stichproben nehmen.
- Der Zähler zählt die befüllten Flaschen.
- Der Füller befüllt mit Hilfe einer Kolbenspritze die Flaschen mit einer festgelegten Menge Wasser.
- Der Verkorker verschließt die vollen Flaschen.
- Der Springer wird dort eingesetzt, wo Engpässe oder Verzögerungen entstehen.
- Transporteure transportieren die gefüllten Flaschen zu den Verbrauchern und die leeren/verschmutzten Flaschen zu den Wäschern.
- Der Wäscher reinigt die verschmutzten Flaschen.
- Der Abtrockner trocknet die gewaschenen Flaschen.

Selbstständige Wissensaneignung

2. Erste Simulationsphase – Rollenspiel zur manuellen Abfüllung

Wenn es möglich ist, sollten zwei Gruppen im Wettbewerb arbeiten. Als Alternative können sie auch nacheinander unter den gleichen Bedingungen arbeiten. Es beginnt ein Kreislauf, in dem die Flaschen gewaschen, abgetrocknet, befüllt, verschlossen, gezählt, vom Betriebskontrolleur überprüft und zum Verbraucher transportiert werden. Dieser entleert und bemalt sie. Dann werden sie wieder zum Waschen in die Fabrik gebracht. Der Kreislauf kann von vorn beginnen. Beanstandete Flaschen werden eine Weile aus dem Kreislauf genommen. Für sie gibt es Minuspunkte. In Konfliktfällen entscheidet der Schiedsrichter. Der Betriebskontrolleur überwacht die sorgfältige Ausführung der gesamten Arbeit und achtet auf möglichst hohe Produktionszahlen. Der Betriebsleiter kann den Springer einsetzen. Gute Qualität ist notwendig, da es sonst zu Reklamationen durch die staatliche Kontrolle kommt, was zu Minuspunkten führt. Häufiges Rückverweisen wiederum stoppt den Produktionsverlauf und senkt den Umsatz.

3. Auswertung der ersten Simulationsphase

Durch das Spiel lernen die Schüler auf der einen Seite die Teilprozesse der Abfüllung kennen, auf der anderen Seite lernen Sie etwas über die Arbeitsbedingungen der industriellen Fertigung.

Da nicht alle Schüler die gleichen Erfahrungen machen konnten, ist es wichtig, die unterschiedlichen Erlebnisse auszutauschen. Außerdem sollte reflektiert werden, wie monoton die Arbeit ist, wenn sie über viele Jahre geleistet wird, und dass durch eine Automatisierung eine Entlastung stattfinden kann.

4. Bau einer Abfüllanlage

In dieser Phase stehen die technisch-physikalischen Prinzipien im Mittelpunkt. Die Schüler erhalten Material und Pläne (für die vorgestellte Unterrichtseinheit hat das IPN Materialien entworfen) zum Nachbau einer Abfüllanlage. In Gruppen sollen sie – quasi als Mechaniker und Monteure – ihren Teil der Gesamtanlage funktionsfähig aufbauen.

5. Zweite Simulationsphase – Rollenspiel zur halbautomatischen Abfüllung

Die Teilfunktionen der einzelnen Gruppen werden auf Knopfdruck in Betrieb genommen.

Es zeigt sich, dass weniger Mitarbeiter benötigt werden und der Ertrag höher (und die Fehlerquote geringer) ist.

Selbstständige Wissensaneignung

6. Simulation einer vollständigen Automatisierung

Nun werden die einzelnen Teilschritte mit Hilfe einer Programmtrommel zur automatischen Steuerung der Gesamtanlage zusammengefasst. Es werden nur noch Personen zur Bestückung der Anlage, zur Reparatur sowie zur Entnahme der Flaschen benötigt.

7. Auswertung und Diskussion der gesamten Unterrichtseinheit

Zum Abschluss wird die gesamte Unterrichteinheit ausgewertet. Die Auseinandersetzung mit den Erfahrungen aus den Simulationsspielen mit denen, die an der fertigen Anlage gesammelt werden konnten, ermöglicht eine vertiefte Diskussion (z.B. im Streitgespräch zwischen Personen mit verschiedenen Rollen) über die Verwertung physikalischer Erkenntnisse im Betrieb und die Auswirkungen industrieller Fertigung auf die Arbeitsbedingungen.

✎ Tipps

Das vorgestellte Beispiel ist sehr komplex. Es eignen sich auch soziale Themen, die nicht so einen großen Umfang haben und nur aus einem Simulationsspiel bestehen. Bei einfacheren Phänomenen können die Schüler eigene Konstruktionen oder Baupläne entwerfen.

32 Planspiel

Das Planspiel ähnelt dem Simulationsspiel, da eine Situation simuliert und nachgespielt wird. Mittlerweile gibt es einige große Planspiele, die über das Internet verfügbar sind und sich besonders für weiterführende Schulen eignen.

♛ Ziele

In allen Bereichen sollen Fähigkeiten und Kenntnisse möglichst realitätsnah erworben und angewandt werden.

👓 Vorbereitung

Je nach Art des Spiels ist die Vorbereitung sehr unterschiedlich. Es gibt Planspiele, die von kommerziell orientierten Instituten für den Schulunterricht angeboten werden. Ein weiterer Sektor sind wettbewerbsorientierte Planspiele von Firmen oder Institutionen, wie z.B. das „Planspiel Börse".

Selbstständige Wissensaneignung

Heinz Klippert (1996) hat in einem Buch zehn Spielvorlagen zum sozialen, politischen und methodischen Lernen in Gruppen veröffentlicht.

So geht's

Die Schüler schlüpfen in verschiedene Rollen und stellen eine Situation nach. Zur Darstellung gehören auch dynamische Veränderungen, Widerstände usw. Aus der Situation heraus müssen die Schüler auf diese reagieren und dementsprechend handeln.

Klippert liefert zu seinen Planspielen eine Problembeschreibung und Arbeitskarten, die die Grundlagen behandeln. Jede Gruppe erhält zudem Rollenkarten, auf denen die Ausgangslage erklärt ist. Eine Informationszeitung liefert den einzelnen Gruppen weitere vertiefende Sach- und Fachinformationen zu den Spielinhalten. Die Spielleitung erhält zehn Ereigniskarten, die sie nach Bedarf einsetzen kann, um dem Spielverlauf neue Impulse zu geben. Ein Planspiel geht in der Regel über mehrere Unterrichtsstunden, manchmal auch über mehrere Wochen.

Tipps

Anbei einige Links zu Planspielen für die Klasse:
- www.startup-werkstatt.de
  Deutscher Gründerpreis für Schüler – Existenzgründerplanspiel
- www.spun.de
  Planspiel zur politischen Bildung, das eine Sitzungswoche der Vereinten Nationen simuliert
- www.frederic-vester.de/deu/ecopolicy
  Das Simulationsplanspiel ecopolicy von Frederic Vester ist eine Weiterentwicklung des Spiels Ökopoly vom gleichen Herausgeber. Ecopolicy ist ein multimediales, kybernetisches Umweltspiel, das zum Ziel hat, vernetztes Denken zu fördern.
- www.bildungsserver.de/Planspiele-zur-Berufswahl-fuer-den-Unterricht-2113.html
  Seite des Deutschen Bildungsservers mit verschiedenen Planspielen

Selbstständige Wissensaneignung

33 Lernen mit Experten

Primärerfahrungen sichern das nachhaltige Lernen. Aus diesem Grund ist es förderlich, Fachleute aus anderen Berufsgruppen in den Unterricht mit einzubeziehen. Diese Möglichkeit wird natürlich auch in geschlossenem Unterricht genutzt (der berühmte Besuch bei der Feuerwehr oder der Polizist, der in die Klasse kommt).

Im geöffneten Unterricht erhält das Lernen mit Experten jedoch eine neue Dimension, da es sein kann, dass ein Schüler ein Thema wählt, in dem Sie kein wirklicher Experte sind. Diese Idee bietet sich somit insbesondere dann an, wenn über die Experten Informationen erschlossen werden können, die über rein traditionelle Medien nur sehr schwer oder überhaupt nicht zugänglich sind.

Ziele

Ziel ist es, den Schülern Primärerfahrungen zu ermöglichen und fachliche Fragen mit einem direkten Ansprechpartner aus dem Gebiet des Lernstoffs zu diskutieren. Durch die Beschäftigung mit dem Thema, das Entwickeln von Fragen sowie das Führen des Gesprächs wird außerdem ein sachgerechtes Informationsverhalten geübt.

Vorbereitung

Sie und/oder die Schüler müssen Kontakte zu unterschiedlichen Berufsgruppen haben oder aufbauen. Vorbereitend sollten Sie gemeinsam mit Ihrer Klasse überlegen, für welchen zeitlichen Rahmen der Experte zur Verfügung stehen soll und welche Fragen die Schüler ihm stellen wollen.

Vielleicht ist es auch möglich, einen außerschulischen Lernort mit einzubeziehen oder beim Experten zu hospitieren.

So geht's

Wenn Sie mit einer inhaltlichen Öffnung arbeiten, ist es sinnvoll, Unterstützung zu haben, da die Themen nicht so planbar sind wie bei einem geschlossenen Lehrgangsunterricht. Deshalb sollten Sie auf Experten zurückgreifen. Wenn die Schüler schon mit geöffnetem Arbeiten vertraut sind, können sie den Kontakt vielleicht sogar selbst herstellen. Der Unterschied zu

Selbstständige Wissensaneignung

Lehrgangsunterricht besteht darin, dass nicht die gesamte Klasse mit dem Experten in Kontakt tritt, sondern nur einzelne Schüler oder Schülergruppen.

Egal ob der Experte angerufen wird, in die Klasse kommt oder sein Arbeitsplatz besichtigt wird – wichtig ist, dass die Schüler ein Konzept haben, was sie den Experten fragen und welche Dinge sie über ihn und seinen Arbeitsplatz wissen wollen.

Wenn die Schüler mit dem Lernen mit Experten noch nicht so vertraut sind, bietet es sich an, einen Bogen zu entwerfen, auf dem die Schüler festhalten, welches Bild sie bis jetzt haben und welche Fragen sie interessieren. Dieser Bogen stellt den Grundstock dar. Weitere Fragen können sich natürlich im Gespräch ergeben.

In höheren Klassen ist es auch denkbar, statt eines Wandertags einen Expertentag durchzuführen, an dem die Schüler Experten zu den von ihnen gewählten Themen besuchen können.

Tipps

In einem weitgehend offenen Unterricht sollte ein Experte kein Highlight sein, das einmal pro Schuljahr genutzt wird (wie im Lehrgangsunterricht „Wir laden uns den Feuerwehrmann/Blindenhundführer/Imker ... ein"). Expertenbefragungen sollten vielmehr neben Literaturrecherche, Internet usw. eine Möglichkeit zur Wissensaneignung darstellen. Sie müssen nicht immer aufwändig inszeniert werden. Oft reicht auch ein Telefongespräch zwischen Experten und Schülern.

34 Erkundung (Ausflug/Unterrichtsgang/Exkursion)

Ausflüge sollten regelmäßig unternommen werden, insbesondere in Monaten, in denen es keine Ferien gibt. – Diese Einstellung ist weit verbreitet. Ausflüge, die mit einer solchen Grundeinstellung unternommen werden, unterscheiden sich maßgeblich von Erkundungen, zu denen ich Sie hier motivieren möchte: Unterricht, bei dem der Klassenraum verlassen wird, um etwas anzuschauen, mit jemandem ins Gespräch zu kommen oder Stimmungen zu spüren. Eine Erkundung ist somit eine „Verlebendigung des Unterrichts" (Meyer 2008, S. 327).

Selbstständige Wissensaneignung

👑 Ziele

Im Rahmen einer Erkundung gewinnen die Schüler reale Eindrücke von Natur- und Baudenkmälern, der Landschaft, der Tier- und Pflanzenwelt, geografischen Besonderheiten, aber auch mit Persönlichkeiten aus verschiedenen Bereichen, Experten, Behörden, sozialen Einrichtungen oder Politikern (ebd.).

Neben dem Wissenserwerb erlangen die Schüler soziale Kompetenzen. Das soziale Klima im Klassenverband sowie die Selbsterfahrung im Umgang mit neuen Situationen werden gefördert. Erkundungen können Sie in allen Phasen des Unterrichts einsetzen.

Auf Grund der Vielseitigkeit von Erkundungsmöglichkeiten kann kein konkreter Ablaufplan vorgestellt werden. Meyer (2008, S. 327–334) nennt jedoch einige allgemeine Kriterien für die Vorbereitung und Durchführung von Erkundungen.

👓 Vorbereitung

Abgesehen von spontanen Erkundungen, zu denen es immer kommen kann (in der Nachbarschaft wird ein Kran errichtet, der Rettungshubschrauber landet, ein Naturphänomen ist zu beobachten usw.), sollten Sie Erkundungen langfristig planen und konkret vorbereiten. Beachten Sie dabei folgende Aspekte:

- ... An welcher Stelle oder in welcher Phase des Unterrichts ist die Erkundung sinnvoll?
- ... Welcher Ort/welche Person ist geeignet? Wohin soll die Erkundung gehen?
- ... Sind Öffnungszeiten zu berücksichtigen? Muss man sich anmelden?
- ... Wie lange dauert die Erkundung?
- ... Wie gelangt man zum Zielort?
- ... Wie soll die Arbeit am Exkursionsort durchgeführt werden?
- ... Welche Arbeitsmittel sind notwendig (Stifte, Arbeitsheft, Lupen, Maßbänder, Fernglas, Bestimmungsbücher usw.)?
- ... Welche zweite Begleitperson steht zur Verfügung?

Je nachdem, inwieweit Klassen geöffnetes Arbeiten gewöhnt sind, ist es auch möglich, Teile der Vorbereitung an die Schüler abzugeben.

Selbstständige Wissensaneignung

Die Erkundung sollte außerdem inhaltlich, methodisch und emotional vorbereitet werden. Dazu gehört, dass die Schüler:

... einen groben Überblick über Ziele und Themen der Erkundung erwerben,
... grundlegende Methodenkompetenzen zur Durchführung von Handlungen und zur Dokumentation der Ergebnisse besitzen und
... auf Gespräche mit Experten vorbereitet sind, d.h. Fragen notiert haben usw.

Beachten Sie außerdem die rechtliche Komponente. Dazu gehört in einigen Fällen, ein schriftliches Einverständnis der Erziehungsberechtigten einzuholen, Belehrungen zu verschiedenen Themen (z.B. Verkehrserziehung, Verhalten am und im Wasser) durchzuführen oder Sicherheitskontrollen (Fahrrad) vorzunehmen.

So geht's

Der Tag der Erkundung sollte so gestaltet sein, dass nicht zu viel auf einmal besichtigt wird, sondern auch Zeit für freies Erkunden der Umgebung und zum Spielen bleibt. Außerdem sollte so viel Spontaneität möglich sein, dass unvorhergesehene Ereignisse oder Erkundungsgegenstände berücksichtigt werden können.

Den Schülern sollte es gestattet sein, Dinge zu sammeln und mitzunehmen. Natürlich ist darauf zu achten, dass sie keine verbotenen Dinge mitnehmen und dass sich die „Sammelwut" in Grenzen hält.

Ist die Erkundung nicht als abschließender Höhepunkt einer Unterrichtseinheit geplant, sollten Sie eine Auswertung durchführen. Dazu werden die gewonnenen Erfahrungen am nächsten Schultag aufgegriffen. Dies kann mündlich oder schriftlich geschehen. Eine motivierende Auswertung ist in Form eines Artikels für die Schülerzeitung möglich. Auch ein Bericht im Tagebuch (vgl. Idee 37) ist denkbar. Dazu ist es schön, wenn die Schüler ihren Bericht mit Fotos ausgestalten können.

Tipps

Besonders motivierende, aber in der Vorbereitung auch aufwändigere Erkundungen sind Ralleys, Schnitzeljagden und Stadtspiele.

Offene Aufgaben   Ideen 35–50

> Bei offenen Aufgaben ist ein Lösungsweg nicht vorgezeichnet und eine eindeutige Lösung nicht unbedingt erforderlich. Dementsprechend eignen sie sich hervorragend für geöffneten Unterricht, da sie sich von selbst heraus differenzieren und keine umfassende individuelle Vorbereitung nötig ist. Die Schüler sollen mit Hilfe von offenen Aufgaben gemäß ihrem eigenen Lernstand Wissen vertiefen und festigen. Außerdem sollen sie angeregt werden, eigene Wege zu finden, diese in eigene Worte zu fassen und darüber zu diskutieren.

35 Lesezeit statt Klassenlektüre

Erinnern Sie sich noch an Bücher, die Sie während Ihrer Schulzeit lesen mussten? Häufig interessierten mich die Themen nicht wirklich. In der Grundschule kam noch dazu, dass die Literatur für viele Schüler zu leicht oder zu schwer war und es sich eher um „Jungsbücher" oder „Mädchenbücher" handelte. Um diese Schwierigkeiten zu umgehen und wirklich „Lust auf Lesen" zu machen, eignet sich eine freie Lesezeit.

Ziele

Die Schüler sollen Lust am Lesen gewinnen und ihre Lesekompetenz verbessern.

Vorbereitung

Statten Sie den Klassenraum nach Möglichkeit mit einer Bücherecke aus. Dort sollte es Bücher zu unterschiedlichen Themenbereichen und unterschiedliche Arten von Büchern geben. Außerdem sollte es eine Kiste oder ein Regal geben, in dem ausgeliehene Bücher stehen, und eine weitere Kiste, in der die Bücher sind, die gerade gelesen werden. Auch selbstgestaltete Bücher und Bücher über die Kinder sowie Materialien, die zur eigenen Buchgestaltung verwendet werden, gehören in die Bücherecke. Ergänzend können Sie auch Kinderzeitschriften abonnieren und auslegen.

Offene Aufgaben

🎯 So geht's

Es gibt täglich eine feste Lesezeit, in der die Kinder in einem selbstgewählten Buch lesen. Wer ein Buch beendet hat, trägt dies (mit Datum, Titel, Autor, Seitenzahl und Beurteilung) in einen Lesepass ein. Dort kann es außerdem noch eine Rubrik „Inhalt erzählt" geben. Je nachdem, wie fesselnd das Buch war, erzählen die Kinder im Anschluss nur Ihnen oder allen Schülern im Kreis den Inhalt. Auf diese Weise üben sie das Nacherzählen. Gleichzeitig ist es eine Kontrolle, ob das Kind das Buch wirklich gelesen und auch verstanden hat. Das Vorstellen im Kreis motiviert vielleicht wieder andere Schüler, dieses Buch oder auch ein Buch mit ähnlichem Umfang zu lesen. Die Kinder dürfen sich auch gegenseitig vorlesen. Auf diese Weise kann schon in den ersten Schulwochen der ersten Klasse mit der Lesezeit begonnen werden.

✏️ Tipps

Legen Sie die Lesezeit in den Anschluss der großen Pause. Dadurch können die Kinder gleich nach Betreten des Klassenraumes mit dem Lesen beginnen. Es kommt nicht zu Unruhe, da die Schüler gleich beschäftigt sind.

Die Kinder dürfen sich ihren Platz zum Lesen selbst aussuchen. Dabei können sie alle möglichen Winkel nutzen, um es sich so richtig gemütlich zu machen. Auf diese Weise lernen sie, wie entspannend Lesen sein kann.

Planen Sie monatliche Büchereibesuche ein, bei denen sich die Kinder ein Buch ausleihen dürfen. Dieses bleibt in der Schule und kann dort in der Lesezeit gelesen werden. Dadurch stellen Sie sicher, dass zum Abgabetermin alle Bücher vorhanden sind.

Um die Leseecke zu vergrößern, kann man mit den Eltern vereinbaren, dass zum Geburtstag des Kindes statt eines Kuchens ein Buch mitgebracht wird, in das das Geburtstagskind eine Widmung für die Klasse schreibt und das es dieser schenkt. So wächst die Klassenbibliothek schnell an (und man muss sich im Gegensatz zu Kuchen keine Sorgen um Allergien usw. machen; abgesehen davon geben die meisten Eltern trotzdem Kuchen mit …).

36 Selbstgestaltete Bücher

Selbstgestaltete Bücher sind eine große Bereicherung für die Klasse. Neben der Freude, die das Erstellen des Buches bringt, macht es Spaß, immer wieder

Offene Aufgaben

selbstgestaltete Bücher zur Hand zu nehmen, darin zu blättern und Veränderungen oder Lernfortschritte zu entdecken.

Ziele

Auf der einen Seite setzen sich die Schüler mit einem (selbstgewählten) Thema auseinander. Auf der anderen Seite werden sie durch den Charakter des Buches und die Veröffentlichung zum sorgfältigen Arbeiten animiert.

Vorbereitung

Um ein Buch zu erstellen, ist keine besondere Vorbereitung nötig. Wenn Sie den Unterricht nicht inhaltlich öffnen, überlegen Sie, welches Thema sich dafür eignet. Dazu gebe ich Ihnen im Folgenden einige Vorschläge.

Hi! Ich heiße Hund und ich beschütze meinen besten Freund. Ich bin stark.

So geht's

Es gibt verschiedene Varianten, wie ein Buch entstehen kann:

Jeder fertigt ein eigenes Buch zum gleichen Thema an

Dies ist wohl die klassische Variante: Im Unterricht wird ein Oberthema erarbeitet, zu dem jeder Schüler sein eigenes Buch entwickelt. In einem ersten Schritt schreiben die Schüler den Text, der im Rahmen einer Schreibkonferenz (vgl. Idee 71) oder von Ihnen überarbeitet wird. Anschließend überträgt der betreffende Schüler den Text in Reinform in ein Buch oder auf Blätter, die Sie heften oder binden. Der Schüler gestaltet abschließend das Buch schön aus.

Als Themen eignen sich z.B. „Märchen", aber auch Sachthemen, wie „Familie", „Angst", „krank sein" …

Bücher zu verschiedenen Themen

Diese Variante gleicht in der Durchführung der ersten Variante – nur dürfen sich die Kinder hierbei ihr Thema ganz frei wählen. Wenn Sie nicht generell offen arbeiten, können Sie die Variante als Zusatzaufgabe nutzen, wenn Schüler schon fertig sind. In einem Buch können die Kinder auch mehrere kleine Einzelgeschichten zusammenfassen. In meiner 2. Klasse schrieb ein Junge ein halbes Jahr lang immer wieder Piratengeschichten. Die Aufgabe war hochmotivierend, weil die anderen Schüler nach einer kurzen Zeit die Geschichten „einforderten". Am Ende des Schuljahres übergab ich dem Schüler alle Geschichten als Buch zusammengefasst.

Alle zusammen gestalten ein Buch zum gleichen Thema

Hierbei entsteht nur ein Buch, an dem alle zusammen zu einem Thema gearbeitet haben. Jedes Kind gestaltet eine oder mehrere Seiten des Buches. So könnte z.B. die gesamte Klasse „Piratengeschichten" schreiben. Auch Berichte über das Faschingsfest oder über den Kuscheltiertag wären denkbar. Außerdem können in dieser Variante alle Schülerarbeiten zu einem Thema aus der ersten Variante zusammengefasst werden.

Alle zusammen gestalten ein Buch zu verschiedenen Themen

Auch bei dieser Variante entsteht am Ende ein gemeinsames Buch. Dieses steht unter einem Oberthema. Die Schüler bearbeiten jedoch unterschiedliche Teile oder Unterthemen, d.h., sie gestalten nur eine oder ein paar Seiten. Auch hierfür gibt es eine Vielzahl von Einsatzmöglichkeiten. In jahrgangsübergreifenden Klassen können Sie, bevor das neue Schuljahr beginnt, mit den Schülern alle Bereiche der Schule fotografieren. Anschließend schreiben die Schüler kurze Berichte zu den einzelnen Bereichen (Sekretariat, Schulleitung, Fachräume, Toiletten, Essensausgabe …). Das Buch kann auf diese Weise den neuen Schülern als Orientierung dienen. Im Musikunterricht können die Kinder z.B. zu den verschiedenen Szenen der „Moldau" von Smetana Bilder malen und kurze Texte schreiben. So entsteht das „Klassenbuch von der Moldau". Auch Sachthemen, bei denen verschiedene Aspekte beschrieben werden (z.B. „Tiere", „Feste und Bräuche in Europa", „Fahrzeuge" usw.) oder ein Tagebuch über die Klassenfahrt sind gut geeignet. Für höhere Klassen

Offene Aufgaben

kann es eine spannende Aufgabe sein, ein Buch weiterzuschreiben, das ein anderer Schüler begonnen hat. Nach ein paar geschriebenen Seiten wird das Buch einfach weitergereicht. Der Folgeschreiber setzt die Geschichte sinnvoll fort und gibt sie an einer spannenden Stelle weiter.

Tipps

Weisen Sie die Schüler bei der ersten Durchführung auf die Elemente hin, die ein Buch auf jeden Fall aufweisen sollte (Titel, Autor, Inhaltsverzeichnis, Seitenzahlen, Kapitelüberschriften). In der Regel sind die Schüler sehr bemüht, diese Vorgaben einzuhalten, da ihr Buch einem „echten Buch" möglichst stark ähneln soll.

Stellen Sie auf jeden Fall Kreativität und Inhalt in den Mittelpunkt. Eine sehr sorgfältige äußere Gestaltung sowie eine orthografisch richtige Schreibweise sind in einer Veröffentlichung sicherlich anzustreben. Es ist jedoch schade, wenn ein Schüler, der eine lange, fantasievolle Geschichte geschrieben hat, die Motivation verliert, weil viele Rotstriche am Rand sind und er alles noch einmal abschreiben muss. Vielleicht finden Sie für ihn einen anderen Weg (z.B. darf er am Computer schreiben, wo ihm Fehler sofort angezeigt werden, oder er bekommt Hilfe von einem „Aufschreiber").

37 Tagebuch

Im Gegensatz zu normalen Schulheften ist das Tagebuch ein Dokument, was aufgehoben und immer wieder angeschaut werden kann. Im Tagebuch halten die Kinder schulische und persönliche Erlebnisse fest. Es lädt zu einer individuellen Korrespondenz mit dem Lehrer ein. Gleichzeitig gibt es Aufschluss über die Schreibentwicklung der Kinder.

Ziele

Mit dem Tagebuch wird das Freie Schreiben durch individuelle Schreibanlässe gefördert. Es kann außerdem eine individuelle Konversation mit einem Schüler entstehen – für schüchterne Kinder eventuell eine alternative Kommunikationsvariante.

Offene Aufgaben

🐌 Vorbereitung

Jeder Schüler erhält ein weißes Buch mit festem Einband (Kladde). Bewährt haben sich die Formate DIN A5 oder DIN A4.

🎯 So geht's

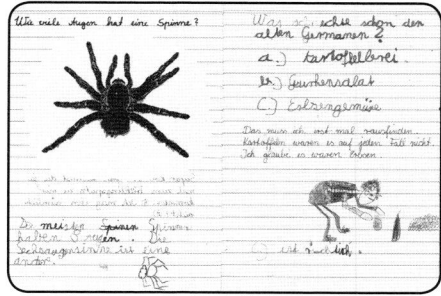

In das Tagebuch dürfen die Kinder alles schreiben, was ihnen wichtig ist. Dies kann z.B. auch eine von Ihnen gestellte Aufgabe der Woche sein (vgl. Idee 50). Außerdem können die Kinder Rezepte und wichtige Sachen im Tagebuch vermerken. Der Rest ist den Schülern selbst überlassen, von Wochenend- und Ferienerlebnissen über Kommentare bis hin zu Rätseln.

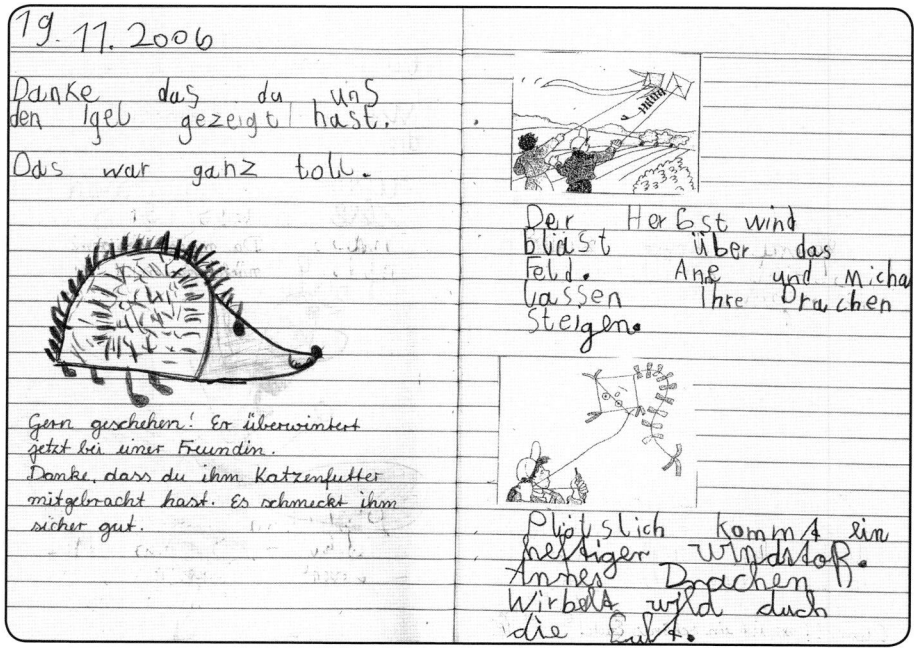

✏️ Tipps

Es ist wichtig, dass das Tagebuch einen schönen, festen Einband hat. So wird es – im Gegensatz zu den Heften der Kinder – zum richtigen Buch. Es lädt dazu ein, sorgfältiger damit umzugehen und es als etwas Besonderes zu sehen.

Offene Aufgaben

Das Tagebuch eignet sich gut als Willkommensgeschenk am ersten Schultag. Es kann z.B. durch ein Foto des Kindes oder ein Klassenfoto auf der ersten Seite personalisiert werden.

Das Tagebuch kann außerdem die Funktion eines Portfolios haben, in dem man Lernfortschritte entdecken kann.

38 Klassenbuch

Ein Klassenbuch begleitet die Kinder durch das Schuljahr. Hier können alle wichtigen Ereignisse eingetragen und noch einmal nachgelesen werden.

Ziele

Das Klassenbuch regt die Schüler zum Freien Schreiben an. Außerdem dokumentiert es „nebenbei" den Schuljahresverlauf.

Vorbereitung

Sie benötigen ein schönes Buch (DIN A4 oder DIN A5) oder einen Ordner, in dem Schülerseiten gesammelt werden können.

So geht's

Es gibt mehrere Möglichkeiten, ein Klassenbuch zu führen.

Tägliches Klassenbuch
Jeden Tag reflektiert die Klasse im Abschlusskreis den Tag und beschließt, was ins Klassenbuch geschrieben werden soll. Ein Kind ist der Schreiber. Er wird für eine Woche gewählt. Danach wird ein neuer Schreiber gewählt, oder der Schreiber darf den nächsten Schüler bestimmen. Der Eintrag wird entweder als Hausarbeit oder am nächsten Vormittag in einer Phase geöffneten Arbeitens vorgenommen. Alternativ ist es auch denkbar, dass jeden Tag ein anderer Schüler schreibt und dass der schreibende Schüler entscheiden darf, was in dem Buch festgehalten werden soll.

Wöchentliches Klassenbuch
Wer nicht jeden Tag Buch führen will, kann ein wöchentliches Klassenbuch einführen. Hier wird im letzten Abschlusskreis der Woche reflektiert, was in der Woche besonders war.

Offene Aufgaben

Wochenend-Erlebnis-Buch

Das Wochenend-Erlebnis-Buch wird jedes Wochenende von einem anderen Schüler mit nach Hause genommen. Als weitere Motivation kann z.B. ein Kuscheltier dienen, das mit nach Hause kommt. Das Kind schreibt in das Buch, was das Kuscheltier am Wochenende bei ihm erlebt hat. Am Montag lesen Kuscheltier und Schüler ihre Erlebnisse vor.

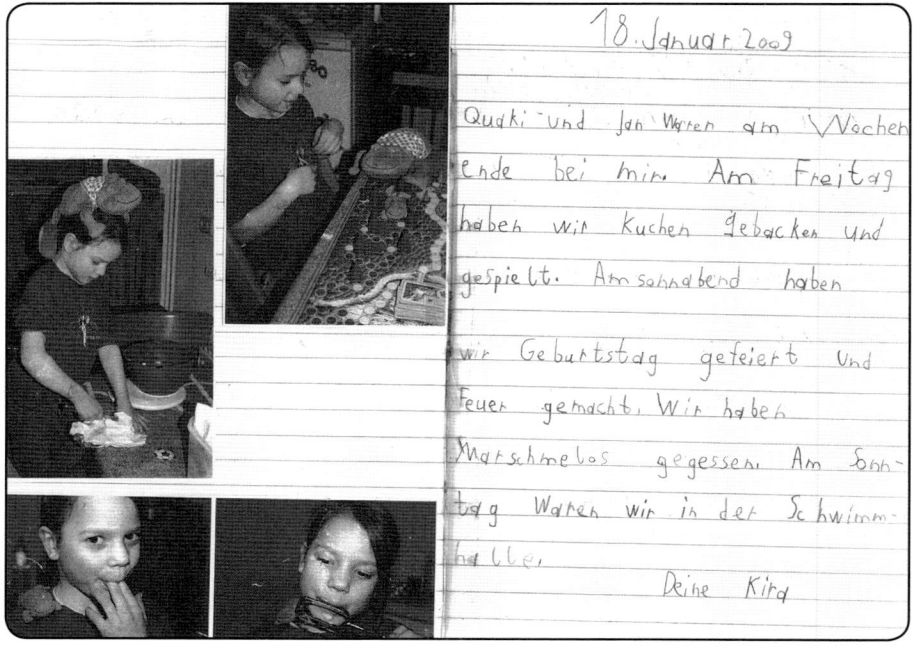

Tipps

Ich habe mit der Variante des Wochenend-Erlebnis-Buches gearbeitet. Die Geschichten wurden immer ausgefeilter und die Präsentationen immer schöner, da sich die Kinder an den vorherigen Einträgen orientierten. Einige Eltern haben ihr Kind mit dem Tier zusammen bei Aktionen fotografiert und das Foto mit eingeklebt. Andere haben zu ihren Berichten gemalt.
Das Buch sollte für alle zugänglich im Klassenraum stehen, so kann immer wieder darin geblättert und gelesen werden.

Für alle Varianten eignen sich Fotos hervorragend, da sie den Schreibprozess unterstützen.

Offene Aufgaben

39 Fotokartei als Schreibanlass

Die meisten Grundschüler freuen sich zu Schulbeginn auf das Schreibenlernen und suchen die neue Kommunikationsebene.

Ziele

Eine Fotokartei bietet vielfältige Schreibanlässe, die zu weitergehenden Schreiberfahrungen führen. Sie regt außerdem die Fantasie der Schüler an.

Vorbereitung

Sammeln Sie Fotos, Postkarten und Bilder aus verschiedenen Bereichen.

So geht's

Die Kartei steht den Kindern im offenen Unterricht oder während geöffneter Arbeitsphasen zur Verfügung. Sie können sich selbstständig ein Bild oder Foto aussuchen und etwas dazu schreiben. Dabei gibt es zwei Vorgehensweisen, die Sie vorher festlegen müssen:

Entweder dürfen die Kinder das Foto herausnehmen und in ihr Tagebuch/ Heft o.Ä. kleben, oder die Kinder benutzen das Bild nur als Vorlage und müssen es nach abgeschlossener Arbeit wieder zurück in die Kartei legen.

Tipps

Ich bevorzuge die erste Variante. Die Kinder mögen Bilder und Fotos und finden es schön, diese in ihr Tagebuch (vgl. Idee 37) einzukleben, um sie später noch einmal anschauen zu können. Außerdem ist es gut, wenn die Kartei auf diese Weise immer aktualisiert wird.

Es ist besonders motivierend, wenn Sie Fotos von der Klasse, z.B. vom letzten Ausflug mit in der Kartei haben.

40 Schreibkiste

Eine Schreibkiste kann eine motivierende Hilfe beim Freien Schreiben sein.

Offene Aufgaben

👑 Ziele

Die Schreibkiste soll das Freie Schreiben anregen und damit Fähigkeiten und Fertigkeiten im schriftlichen Bereich sowie im Ausdruck fördern.

👓 Vorbereitung

Nehmen Sie als Schreibkiste einen Schuhkarton. Dieser sollte nach Möglichkeit wie eine Schatzkiste aufgemacht sein. Legen Sie verschiedene Gegenstände in die Kiste. Sollte ein Gegenstand nicht in die Kiste passen oder nicht verfügbar sein, kann ersatzweise eine Bildkarte mit dem abgebildeten Gegenstand in die Kiste gelegt werden.

🎯 So geht's

Die Kinder nehmen sich die Kiste und sehen nach, welche Gegenstände darin sind. Dann schreiben sie eine Geschichte, in der die Gegenstände vorkommen. Legen Sie vorher zusammen mit Ihrer Klasse fest, ob eine bestimmte Anzahl oder alle Gegenstände benutzt werden sollen. Jüngeren Schülern kann es helfen, die Gegenstände zum Schreiben aus der Kiste zu nehmen und vor sich hinzulegen.

✏️ Tipps

Sie können die Schüler lenken, indem sie die Kisten thematisch gestalten. Hier einige Ideen für Themenkisten: Tiere (Inhalt: „Schleich-Tiere"), Garten (Inhalt: Deko-Rasen, Tulpe, Schneckenhaus, Plastik-Käfer, Gartenzwerg …), Reise (Inhalt: Sonnenbrille, Flugzeug, Auto, Badehose, Postkarte …)

41 Sprachforscherbuch

Die Idee des Sprachforscherbuches stammt ursprünglich von Peschel (2011b, S. 92 ff.). Da er weitgehend auf einen einheitlichen Orthografie- und Grammatikunterricht verzichtet, dient das Sprachforscherbuch als Orientierung und Werkzeug für das Freie Schreiben. In dieser Idee kann und soll nicht das Sprachforscherbuch nachgeahmt, sondern Ideen für ein eigenes Buch gegeben werden.

Offene Aufgaben

👑 Ziele

Mit dem Sprachforscherbuch sollen aufgespürte Rechtschreibstrategien und -regeln festgehalten werden. Es wird damit zum Nachschlagewerk und Werkzeug für den einzelnen Schüler.

👓 Vorbereitung

Stellen Sie evtl. Kopiervorlagen zu einzelnen Phänomenen zusammen, die sich die Kinder bei Bedarf nehmen und ihrem Buch hinzufügen können.

🎯 So geht's

Diese sehr allgemein gehaltenen „Basics" werden dann von den Kindern mit eigenen Beispielen und evtl. Merksätzen oder Ausnahmen ergänzt und in das Sprachforscherbuch geheftet. Es gibt den Schülern Raum, Rechtschreibregeln und gefundene Regelmäßigkeiten bzw. Ausnahmen aufzuschreiben. Dadurch können die Kinder ihre eigenen Ordnungsmöglichkeiten nutzen und für sie relevante Inhalte aufschreiben.

✏️ Tipps

Wählen Sie ab und zu eine Aufgabe der Woche (vgl. Idee 50), z.B. aus dem rechtschriftlichen Bereich, um das Interesse darauf zu lenken.

42 Zahlenalbum

In einem Zahlenalbum dreht sich alles um die Ziffern 0 bis 9 – was aber nicht heißen muss, dass keine größeren Zahlen vorkommen.

👑 Ziele

Die Schüler setzen sich mit Ziffern und Zahlen auseinander. Sie prägen sich das Bild der Ziffer ein und üben die Schreibweise.

👓 Vorbereitung

Für ein Zahlenalbum benötigen die Kinder lediglich ein leeres Heft ohne Linien oder Karos. Den Rest gestalten die Schüler selbst.

So geht's

Auf einer oder mehreren Seiten steht jeweils eine Ziffer im Mittelpunkt. Zu dieser Ziffer können die Kinder Assoziationen und Aufgaben finden. Sie können auch Pflichtelemente vorgeben, die zu jeder Ziffer geschrieben werden sollen, bevor sich die Schüler eigentätig damit befassen. Denkbar ist, dass die Kinder zu jeder Ziffer den ausgeschriebenen Namen, das Würfelbild, die Anordnung im Punktefeld und eine Strichliste notieren.

Tipps

Am Ende des Buches können Seiten für die zusätzliche Beschäftigung mit Zahlen eingerichtet werden. Mögliche Themen wären: „Meine Lieblingszahl", „Rechenzeichen", „Zahlen in der Umwelt" oder „versteckte Zahlen".

43 Zahlen-Forscherbuch

Peschel (2011, S. 147 ff.) schlägt vor, das Zahlenalbum in Form eines Zahlen-Forscherbuches weiterzuführen.

Ziele

Ziel ist der situations- und problemorientierte Umgang mit Zahlen und die damit verbundene Lösung von Sachaufgaben.

Vorbereitung

Wie beim Zahlenalbum benötigen die Kinder nur ein leeres Heft oder Buch.

So geht's

Die Kinder notieren in diesem Heft alles über Zahlen. Dazu erfinden sie Zahlen- oder Rechengeschichten. Diese können sowohl aus ihren eigenen Erfahrungen stammen (z.B. „meine Lieblingszahl", „die größte Zahl", „die längste Rechenaufgabe der Welt", „Rechnen mit meinen Geburtstagszahlen", „Schnapszahlenrechnen") als auch aus der Umwelt (z.B. Rechnungen in einem Zeitungsartikel, Zahlen im Klassenraum, Zahlen in der Natur …).

Offene Aufgaben

✏ Tipps

Das Zahlen-Forscherbuch kann auch zum Sach-Forscherbuch werden, in dem Inhalte immer mehr vernetzt werden.

44 Freie Rechengeschichten

„Fünf Äpfel sind in der Tüte. Joshua isst zwei davon. Wie viele bleiben übrig?" Rechengeschichten sollen dem Anfangsrechner die Vorstellung über Mathematik erleichtern. Leider kommen wir über diesen Status der Rechengeschichten oft nicht hinaus.

👑 Ziele

Ziel ist es, interessante mathematische Sachverhalte in Texten zu entdecken und zu lösen. Außerdem können Rechengeschichten die Vorstellung von mathematischen Zusammenhängen erleichtern.

👓 Vorbereitung

Bauen Sie durch eine wiederkehrende Beschäftigung eine „Kultur der Rechengeschichten" auf, um die Kinder für mathematische Fragestellungen in Texten zu sensibilisieren.

👁 So geht's

Nach meiner Definition gibt es zwei verschiedene Arten von Rechengeschichten:

Die klassischen Rechengeschichten, in denen mathematische Inhalte in Geschichten „eingepackt" sind.
Hierbei schreiben Schüler Geschichten, die mathematische Sachverhalte, wie Rechnungen und Vergleiche, enthalten. Die Geschichten sollten von den Schülern frei wählbar sein.

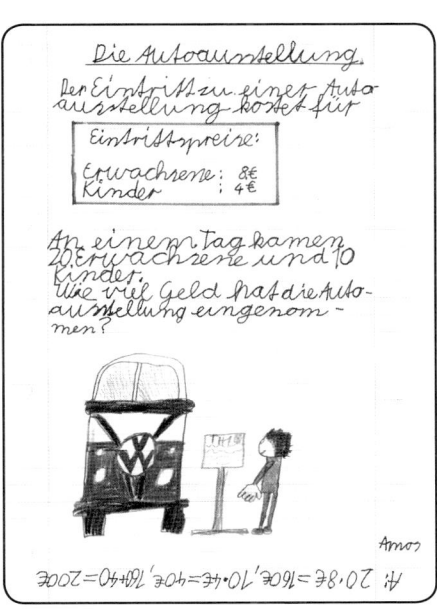

Organisationstipps und Methoden für den Schulalltag · 79

Offene Aufgaben

Rechengeschichten, die sich in Sachtexten und Zeitungsartikeln sowie in der Umwelt verstecken.

Hierbei finden die Schüler Zusammenhänge, vergleichen, messen, wiegen und rechnen. Der Umgang mit dieser Art von Rechengeschichten ist ausführlich in der folgenden Idee 45 (Sachtexte zum Auseinandersetzen mit Sachen und Größen) beschrieben.

✏ Tipps

Bleiben Sie nicht auf der oben karikierten Stufe stehen, sondern ermutigen Sie die Kinder, weiterhin auch komplexe Rechnungen in Zusammenhängen aufzuschreiben.

Thematisieren Sie die Geschichten immer wieder im Kreis oder Plenum, um die Motivation aufrechtzuerhalten.

45 Sachtexte zum Auseinandersetzen mit Sachen und Größen

In der Welt um uns herum sind wir umgeben von Größen und Sachen, die uns zum Staunen bringen. Besonders Kinder haben eine Gabe dafür, diese Dinge zu entdecken, sich daran zu freuen und neugierig weiterzuforschen.

👑 Ziele

Das mathematische Verständnis wird angeregt und mathematische Kenntnisse und Fertigkeiten werden erarbeitet und vertieft.

👓 Vorbereitung

Gestalten Sie den Klassenraum so, dass er zum Forschen und Weiterdenken anregt. In der Leseecke sollten Bücher, die zum forschenden Lernen einladen, vorhanden sein, z.B. über Rekorde, Sachbücher, Zeitungen und Zeitschriften. Die Schüler benötigen Lesestoff, der sowohl zum Lesen als auch zum Rechnen verlockt.

Offene Aufgaben

🎯 So geht's

Christa Erichson (1998, S. 15) beschreibt, dass es nicht die banale Alltagssituation einer Textaufgabe ist, die zum Lesen verlockt, sondern dass die Schüler Texte brauchen, die Unbekanntes, Fremdartiges, Erstaunliches oder auch Spannendes, Witziges und Anrührendes vermitteln. Leider enthalten (Kinder-)Sachbücher häufig wenig interessante Themen zum Rechnen. Deshalb bietet es sich an, eine eigene Sammlung zusammenzustellen. Wenn Schüler für solche Texte sensibilisiert sind, kann es durchaus sein, dass sie auch von selbst Texte mitbringen, um sie mit den anderen zu teilen.

Eine konkrete Möglichkeit zum Einsatz ist der „Sachtext der Woche", der zum individuellen Arbeiten einlädt. Eine andere Möglichkeit ist die spontane Beschäftigung mit Sachen und Größen in einem Sachtext während des Freien Arbeitens oder der Projektarbeit. Ein einheitlicher Ablauf ist auf Grund der Individualität nicht möglich.

✏️ Tipps

Christa Erichson hat eine Text- und Aufgabensammlung mit vielfältigen Anlässen zum Staunen, Forschen und Rechnen herausgegeben (vgl. Literaturverzeichnis).
Achten Sie auf interessante, unglaubliche Zeitungsartikel, und machen Sie diese zum Mittelpunkt des Unterrichts.

46 Forscherfragen

In Forscherfragen werden Zusammenhänge aus der Lebenswelt der Schüler hinterfragt. Es wird mit Alltäglichem gespielt. Dabei merken die Schüler im besten Falle gar nicht, dass sie weit über den Zahlenraum hinaus rechnen, der für sie vorgegeben ist.

👑 Ziel

Ziel ist es, die Schüler zum Umgang mit Mathematik und Zahlen zu motivieren.

👓 Vorbereitung

Es sind weder Vorbereitungen noch Materialien nötig.

Offene Aufgaben

So geht's

In Unterrichtssituationen, häufig im Kreis, entstehen mathematische Fragen. Vielfach werden diese zu Gunsten des geplanten Unterrichts nicht weiter berücksichtigt. Diese Idee soll dazu ermutigen, kleine Impulse von Schülern aufzunehmen und Forscherfragen weiter zu verfolgen und zu forcieren.

Wenn Sie in Ihrer Klasse jeden Morgen das Datum thematisieren, werden den Kindern (1. und 2. Schuljahr) des Öfteren lustige Besonderheiten auffallen, die Sie gar nicht registrieren. Folgende Fragen sollen für Sie eine Orientierung sein, was mit Forscherfragen gemeint ist:
- ... Heute ist der 11.11.11 – Wie viele Tage dauert es bis zum 12.12.12?
- ... Wie viele Schulhefte schreibst du im Laufe deiner Schulzeit voll?
- ... Wie viel Liter trinkt die Klasse/die Schule/die Stadt an einem Tag?
- ... Wie viele Schulstunden hat ein Schuljahr?

Tipps

Eine Aufgabe ist für die Schüler umso interessanter, je mehr sie von ihnen selbst bestimmt werden kann. Wichtig dabei ist, dass sie sich mit der Aufgabe identifizieren können (Peschel 2011 b, S. 183f.).

47 Selbstgestaltete Rätsel

Insbesondere jüngere Schüler denken sich selbst gerne Aufgaben aus. Nutzen Sie dies, indem Sie sie Rätsel und Denkaufgaben erfinden lassen.

Ziele

Beim Konstruieren von Rätseln und Denkaufgaben müssen diese erst durchdacht, überprüft und dann aufgeschrieben werden. Die Schüler trainieren also ihre Sachkenntnisse und üben sich in der Vermittlung von Inhalten.

Vorbereitung

Es sind keine Materialien oder Vorbereitungen nötig.

Offene Aufgaben

So geht's

Ein Schüler überlegt sich ein eigenes Rätsel. Welche Art von Rätsel er entwerfen möchte, ist ihm selbst überlassen. Im zweiten Schritt sucht er sich unabhängig voneinander drei Mitschüler, die das Rätsel lösen sollen. Geben Sie dem Schüler ein Feedback, ob Sie das Rätsel logisch und sinnvoll finden (Gibt der Text echte Hinweise? Ist die Fragefolge logisch? Helfen vorgeschlagene Tipps, die Lösung zu finden? Stimmt die Lösung/die Lösungen?). Hat das Rätsel die Prüfung bestanden, schreibt der Erfinder es sorgfältig auf eine Karteikarte und fügt es der Kartei der selbstgestalteten Rätsel bei.

Folgende Rätselarten eignen sich besonders zum Entwerfen: einen Begriff mit Hilfe einer Umschreibung erraten, Silbenrätsel, Zahlenrätsel, Geometrie (gezeichnete Ansichten von Bauwerken müssen nachgebaut werden), Sprünge auf dem Hunderterfeld (Starte bei x, gehe 2 nach oben, 3 nach links – auf welcher Zahl kommst du an), logische Reihen (sowohl mit Zahlen als auch mit Wörtern).

Tipps

Um das Rätseln im Bewusstsein zu halten, sollte des Öfteren ein Rätsel eines Schülers im Kreis oder als Aufgabe der Woche (vgl. Idee 50) vorgestellt werden.

48 Ideenkiste

Eine Ideenkiste ähnelt ein bisschen der Knobelkartei. Sie kann permanent oder über einen Zeitraum begrenzt eingesetzt werden.

Ziele

Die Ideenkiste soll zum Forschen und Weiterdenken anregen.

Vorbereitung

Sie benötigen einen Schuhkarton oder einen größeren Karton.

Offene Aufgaben

🎯 So geht's

Legen Sie Ideen, Vorlagen und Aufgaben sowie Werkzeuge in die Ideenkiste. Die Vorlagen und Ideen sollten zum selbstständigen Lernen anregen. Vorstellbar sind z.B. Karteikarten oder Bücher mit kleinen Experimenten, mathematischen Herausforderungen oder Stolpertexten. Motivierende Werkzeuge sind z.B. Lupe, Thermometer, Maßband, Prisma, Becherlupe, Magnete, Fernglas und Lot. Für den Einsatz der Ideenkiste sind mehrere Varianten möglich:

… Im offenen Unterricht gehört eine Ideenkiste zum ständigen Inventar. Sie kann jederzeit und völlig frei genutzt werden.
… Die Ideenkiste wird stundenweise, z.B. für den Wochenplan, genutzt.
… Es wird eine thematische Ideenkiste eingerichtet, die über einen bestimmten Zeitraum verfügbar ist. Sie können sie entsprechend der Jahreszeit oder dem Unterrichtsthema bestücken. Ideen für Themenkisten sind: „Die Wiese" (Füllung: Bestimmungsbücher für Pflanzen und kleine Tiere, Lupe, Pflanzenpresse, Becherlupe …), „Wasser" (Füllung: Verschiedene Kleinigkeiten zum Thema Schwimmen und Sinken, Bestimmungsstreifen für Härtegrad und pH-Wert, Boot mit Luftballonantrieb, Karteikarten mit Versuchen, Wasserkreislauf, natürlichem Klärwerk …)

✏️ Tipps

Die Schüler können natürlich Vorschläge zu eigenen Themenkisten einbringen oder die Kiste mit Mitgebrachtem ergänzen.

49 Knobelkartei

Eine Knobelkartei ist ein Sammelsurium von Aufgaben und Denkanstößen.

👑 Ziele

Ziel ist es, den Schülern möglichst kreative Denkanstöße zu möglichst vielen Bereichen in möglichst unterschiedlicher Art und Weise anzubieten.

👓 Vorbereitung

Für diese Idee ist keine Vorbereitung nötig. Die Kartei wächst quasi nebenbei.

Offene Aufgaben

So geht's

Die Kartei kann auf drei verschiedene Arten wachsen:

- ... Sie entdecken im Alltag oder bei der Unterrichtsvorbereitung Aufgaben oder Texte, die zum Staunen und Nachdenken anregen.
- ... Die Schüler entdecken diese Aufgaben oder Texte.
- ... Die Schüler entwickeln selbst Aufgaben oder Rätsel, die andere Schüler lösen können.

Laminieren Sie alle Karteibeiträge, und stellen Sie sie nach Themen sortiert in einem offenen Karton aus. Je nach Öffnungsgrad des Unterrichts darf die Kartei ständig oder nach Absprache (z.B. als Zusatzaufgabe) genutzt werden.

Tipps

Die größte Beliebtheit beim Bearbeiten finden meist die Aufgaben, die Kinder selbst entwickelten.

Stellen Sie neue Karteikarten im Kreis vor. Damit machen Sie „Appetit auf mehr".

Die Ideen eignen sich auch gut als Aufgabe der Woche (vgl. Idee 50).

50 Aufgabe der Woche

Die Aufgabe der Woche ist ein spannender Anlass, sich individuell mit einer Frage oder Aufgabe zu beschäftigen.

Ziele

Die Schüler sollen motiviert werden, sich gezielt mit einem Sachverhalt auseinanderzusetzen und problemlösend zu denken.

Vorbereitung

Denken Sie sich eine motivierende Frage aus. Dabei kann die Ideenkiste oder Knobelkartei (vgl. Ideen 48 und 49) hilfreich sein.

Offene Aufgaben

So geht's

Geben Sie an einem bestimmten Tag der Woche an einem festgelegten Punkt die Frage bekannt. Ihr Charakter sollte möglichst motivierend und abwechslungsreich sein. Es eignen sich Logicals, Naturphänomene, die erklärt werden sollen, oder **Geschichten zum Um-die-Ecke-Denken**:

> Drei Stammkunden betreten ein Restaurant und bestellen das gleiche Gericht für 10 €. Die Kellnerin kassiert das Geld. Als der Chef jedoch feststellt, dass die drei Stammkunden sind, gewährt er ihnen einen Rabatt von 5 €, welchen die Kellnerin zurückzahlen soll. Sie denkt sich: „Ich behalte 2 € und gebe ihnen nur 3 € zurück, denn sie wissen ja gar nichts von dem Rabatt, und 5 € können sie gar nicht fair teilen." Und so bekommen die drei Kunden jeweils 1 € zurück.
>
> Rechnen wir noch einmal nach:
>
> Die drei haben jetzt jeweils 9 €, zusammen 27 € bezahlt. 2 € hat die Kellnerin eingesteckt. Macht zusammen 29 € von ursprünglich 30 €.
>
> Wo bleibt der eine Euro?

Auch **Kapitänsaufgaben** (also unlösbare Aufgaben) oder Wortspiele regen das Denken an.

> Was bedeutet das:
>
> **LKW IN FÜHRUNG LKW ROLLT RAD EIN**
>   **DER**
>
> ---
> *Lösung:*
> In der Unterführung zwischen zwei LKW rollt ein Hinterrad.

Für die Bearbeitung gibt es mehrere Varianten. Sie können sie **freiwillig** gestalten, als **Wettbewerb** ausschreiben oder **in den Wochenplan integrieren**.

Tipps

Sind die Kinder mit dem System und der Art der Frage der Woche vertraut, kann es durchaus motivierend sein, wenn sie selbst die Frage der Woche stellen.

Auch in Oberschulklassen kann eine Frage der Woche, dann auf sehr hohem Niveau, etabliert werden.

Kreative Arbeitsformen   Ideen 51–70

> Bei den folgenden Ideen sind die Schüler kreativ handelnd und in vielen Bereichen selbstständig tätig. Dadurch erhalten die Ideen einen hohen motivativen Charakter.

51 Modellbau

Ein Modell ist ein beschränktes Abbild der Wirklichkeit. Es erfasst im Allgemeinen nicht alle Attribute des Originals, sondern nur diejenigen, die dem Modellschaffer bzw. Modellnutzer relevant erscheinen. Eines der bekanntesten Modelle ist wohl die Darstellung der Doppelhelix der menschlichen DNS.

Ziele

Mit einem Modell sollen komplizierte oder nicht sichtbar ablaufende Sachverhalte dargestellt und veranschaulicht werden.

Vorbereitung

Stellen Sie je nach Art des Modells den Schülern geeignete Materialien zur Verfügung. Dazu gehören Bausteine, Draht, Streichhölzer, Perlen, Gips, Filz, Watte, Wolle, Wasserfarben, Pappe, Korken, Kronkorken o.Ä.

So geht's

Eine einheitliche Anleitung ist nicht möglich, da die Vielzahl der Modellmöglichkeiten eine unterschiedliche Vorgehensweise erfordert. Es sollen jedoch einige Ideen für Modelle gegeben werden:

- ... Bau von Modellen chemischer Verbindungen, wie Wasser usw.
- ... Vermessung und Nachbau von Gebäuden
- ... Bau von Modellen im physikalischen Bereich: Schaltkreis, Regelkreis
- ... Raketenbau
- ... Bau von Solarkochern
- ... Bau einer Kläranlage
- ... Modell des Wasserkreislaufs

Kreative Arbeitsformen

🖉 Tipps

Geben Sie den Schülern nicht alles vor. Motivieren Sie sie dazu, das Bauen von Modellen als Schritt zu einer eigenen Lösungsfindung zu entdecken.

52 Schülerexperiment

Das Experiment ist eine wissenschaftliche Methode, die vor allem in den Naturwissenschaften angewendet wird. Der Einzug in die Schule erfolgte insbesondere durch John Dewey.

👑 Ziele

Experimente sind hochmotivierend, da die Schüler in eine Forscherrolle schlüpfen. Sie arbeiten entdeckend und handlungsorientiert. Zudem fördern Experimente das selbstgesteuerte Lernen und geben Anreize zu abstrahierenden, logischen Denkvorgängen. Außerdem fördern Experimente das soziale Lernen, da viele Arbeiten in der Gruppe durchgeführt bzw. Vorgehensweisen und Ergebnisse diskutiert werden.

👓 Vorbereitung

Die Vorbereitung hängt sehr von der Art des Experimentes ab.

🎯 So geht's

Schülerexperimente können sehr unterschiedlich sein. Schon in der Grundschule sollte das Experiment durch Entdecken und Ausprobieren gefördert werden. Gerade im Sachunterricht können Themenkomplexe und Zusammenhänge mit Hilfe von Experimenten erschlossen werden. Dabei gibt es zwei verschiedene Vorgehensweisen:

Lehrergelenkte Schülerexperimente
Stellen Sie ein oder mehrere Experimente zu einem bestimmten Thema bereit. Dabei kann der Versuchsaufbau entweder auf einem Arbeitsblatt vorgegeben sein, oder es können Experimentiertische vorbereitet werden, auf denen verschiedene Experimente dargeboten werden. Die Schüler führen diese nach Anleitung durch und protokollieren alles auf einem Beobachtungsbogen. Abschließend werden die Ergebnisse besprochen und verglichen.

Kreative Arbeitsformen

Schülerexperimente mit eigenen Fragestellungen

Idealerweise sollten Sie die Schüler dazu anregen und ihnen die Möglichkeit geben, eigenen Fragestellungen mit Hilfe von Experimenten auf den Grund zu gehen. Stellen Sie hierzu den Schülern Materialien bereit. Nach einer ersten „Ausprobier-Phase" findet eine Besprechungsrunde statt. In dieser Runde können die Schüler Ideen austauschen und Probleme besprechen. Auch diese Variante sollte mit Hilfe eines Beobachtungsbogens dokumentiert werden. Das Beispiel zeigt, wie ein Beobachtungsbogen aufgebaut sein kann und welche Bereiche er umfasst.

✎ Tipps

Wenn die Schüler noch nicht über eine so hohe Methodenkompetenz verfügen, Experimente eigenständig durchzuführen und zu dokumentieren, können sie auch nur Teilbereiche abhandeln. Demnach konzentrieren sich die Schüler zuerst auf die Beobachtung, während alle gemeinsam die Auswertung vornehmen. Zeichnungen können schriftliche Protokolle ersetzen oder ergänzen.

Experiment:

Name: *Datum:*

Problemstellung/ Frage: . . . .

Hypothesen: . . . .

Idee zur Durchführung: . . . .

Beobachtung: . . . .
(Zeichnung)

Auswertung/ Schlussfolgerung: . . . .

Evtl. veränderte Fragestellung/
neue Hypothese: . . . .

 Briefe oder E-Mails schreiben

Bereits Freinet hat eine Briefkorrespondenz zwischen Schulklassen angeregt. Mit Hilfe von Briefen lassen sich Gefühle ausdrücken, Entfernungen überbrücken sowie Barrieren und Grenzen überwinden. – Im Zeitalter von E-Mail und Social Media ist das sogar schneller möglich als je zuvor.

👑 Ziele

Natürlich bietet das Schreiben von Briefen zuerst einen individuellen Schreibanlass, durch den Kompetenzen im Bereich Schriftsprache gefördert werden. Durch die Thematisierung stilistischer Merkmale werden Sach- und

Kreative Arbeitsformen

Methodenkompetenzen erlangt, die für das spätere Zurechtfinden in der Gesellschaft äußerst wichtig sind. Damit der Empfänger die Nachricht versteht, ist es für den Schreiber notwendig, sich in die Perspektive des Lesers zu versetzen. Besonders motivierend wirkt der reale Bezug, wenn die Situation nicht konstruiert ist, sondern echte Briefe mit Partnern ausgetauscht werden.

 Vorbereitung

Die Vorbereitung hängt von der Art der Durchführung ab und wird dementsprechend bei den Einzelbeispielen mit berücksichtigt.

🎯 So geht's

Es gibt verschiedene Möglichkeiten, wie Sie Briefe oder E-Mails im Unterricht einsetzen können.

Klassenbriefkasten
Eine klassische Einsatzmöglichkeit in der Grundschule ist der Klassenbriefkasten. Nachdem die grundlegenden Elemente eines Briefes thematisiert wurden, dürfen sich die Schüler gegenseitig oder Ihnen Briefe schreiben. Der Briefkasten wird ein- oder mehrmals in der Woche geleert. Sollte ein Schüler niemals Post bekommen, kann eine „geheime Persönlichkeit" oder ein Klassentier ihm schreiben. Motivieren Sie die Kinder dazu, auf erhaltene Briefe zu antworten. Für das Briefeschreiben sollten zwei Regeln gelten: Es werden keine Beschimpfungen geschrieben, und der Brief darf nicht unter falschem Namen verfasst werden. Von Zeit zu Zeit ist es für die Kinder schön und motivierend, wenn sie auch einen Brief von Ihnen erhalten.

Klassenpatenschaften über Briefe oder E-Mails
Es gibt unterschiedliche Projekte, in denen Patenschaften oder die Zusammenarbeit von Klassen in verschiedenen Städten oder Ländern gefördert werden (z.B. COMENIUS). Klassen oder einzelne Schüler schreiben sich gegenseitig oder kommunizieren auf verschiedene Arten. Durch die reale Situation steigen das Interesse und die Motivation der Schüler. Die Andersartigkeit erfahren die Schüler noch stärker, wenn sie nicht nur Briefe oder E-Mails schreiben, sondern auch Päckchen schicken, in denen sie regionale Süßigkeiten, typische Gegenstände oder Fotos beilegen.

Kreative Arbeitsformen

Briefe an Autoren, Politiker, Zeitungen o.Ä.

Hier besteht die Möglichkeit, Leserbriefe zu senden oder sich z.B. im Rahmen des Politik- oder Sozialkundeunterrichts direkt mit einem Problem, einer Aufforderung oder einem Appell an Politiker oder andere Verantwortliche zu wenden. Spannend kann auch die schriftliche Kommunikation mit einem Autor sein, dessen Buch gelesen wurde.

Fiktive Briefe

Eine ganz andere Methode ist das Verfassen von fiktiven Briefen. Dabei schlüpfen die Schüler in eine fremde Rolle und schreiben aus deren Sicht. Diese Möglichkeit können Sie auch in Sozialkunde oder Geschichte nutzen. Eine Möglichkeit wäre z.B. aus Sicht eines Sklaven in der Kolonialzeit an einen Bürgerrechtler zu schreiben. Oder die Schüler schreiben einem Freund, der sich in einer bestimmten Problemsituation befindet.

✏ Tipps

Haben Sie keine Angst vor neuen Medien, sondern nutzen Sie diese insbesondere für den Austausch mit Partnerklassen. Es gibt mittlerweile eine Vielzahl von elektronischen Kommunikationsmöglichkeiten, die preiswert, schnell und einfach durchführbar sind.

54 Szenisches Lernen

„Die ganze Welt ist eine Bühne." (Shakespeare)

Dies ist auch die Philosophie des szenischen Lernens: Elemente des Theaters werden in den normalen Regelunterricht, insbesondere den Fremdsprachenunterricht, integriert. Studien der Hirnforschung um Prof. Dr. Manfred Spitzer bestätigen dem szenischen Lernen im Fremdsprachenunterricht eine nachhaltige, bessere Wirkung als dem herkömmlichen Lernen.

👑 Ziele

Es soll erfahrungsbezogenes Lernen ermöglicht werden, das nicht nur Denkprozesse, sondern den ganzen Körper und die Sprache mit einbezieht. Dazu sind Kreativität und Handlungsaktivität gefordert, die Motivation steigt. Neben Sachkompetenzen erlangen die Schüler soziale Kompetenzen, weil sie sich in der Interaktion mit Mitspielern üben und Berührungsängste abbauen. Letztendlich werden auch Methodenkompetenzen aufgebaut,

Kreative Arbeitsformen

da umfangreiche Arbeitsvorhaben geplant und in einzelne Arbeitsschritte unterteilt werden müssen.

Vorbereitung

Für das szenische Spiel ist keine besondere Vorbereitung nötig. Allerdings müssen Sie die Schüler an diese Unterrichtsmethode heranführen. Überlegen Sie sich, in welcher Unterrichtssituation Sie mit welcher Form des szenischen Lernens Sprachhandlungen provozieren und ein möglichst ganzheitliches, nachhaltiges Lernen fördern können.

So geht's

Elemente des Theaterspiels können Sie in folgenden Formen in den Unterricht einbauen:

Pantomime
Die gesprochene Sprache wird völlig durch Körpersprache ersetzt. Gefühle werden auf diese Weise viel intensiver wahrgenommen.

Pantomime mit Kommentatorstimme
In dieser Übung sind die gesprochene Sprache und die Körpersprache getrennt. Es gibt drei Varianten:

- **Simultane Dramaturgie**
  Dabei erzählt ein Schüler eine Geschichte oder berichtet von einem Erlebnis. Eine andere Gruppe stellt währenddessen das Erzählte dar.
- **Kollektives Erzählen**
  Die Schüler werden in zwei Gruppen geteilt. Die erste Gruppe übernimmt die gesprochene Sprache ohne jede Körpersprache. Die zweite Gruppe stellt simultan den nonverbalen Teil dar. Je ein Mitglied von Gruppe 2 entspricht einem Sprecher von Gruppe 1.
- **Marionette**
  Zwei Schüler stehen hintereinander. Der hintere Schüler spricht. Der vordere Schüler übernimmt die Bewegungen des Sprechers und bewegt dazu seinen Körper.

Sketch
Im Sketch wird ein kurzer Zusammenhang des Lernstoffs karikierend dargestellt. Dabei stehen Übertreibung und Humor im Mittelpunkt. Dadurch kann ein interessanter Reflexionsprozess über Besonderheiten ausgelöst werden.

Kreative Arbeitsformen

Rollenspiel

Im Rollenspiel übernehmen die Schüler eine fremde Rolle. Indem sie die Rolle spielen, setzen sie sich mit ihr auseinander, lernen andere Gefühle kennen und fremde Sichtweisen zu verstehen.

Standbild

Die Schüler stellen eine Situation oder einen Sachverhalt nach: Eine Gruppe formt eine weitere Schülergruppe so, dass sie die Situation ähnlich einem Denkmal darstellt.

Neben den vorgestellten Formen können Sie auch **kleinere Elemente des Theaterspiels** übernehmen. Dazu gehören:

Eine Aussage auf unterschiedliche Weise sprechen.

Ein Satz wird im Chor laut, leise, langsam, schnell, ängstlich, verliebt usw. gesprochen. Einen zusätzlichen Anreiz gibt das Sprechen in Gruppen gegeneinander, z.B. Mädchen gegen Jungs usw.

Einen Sachverhalt oder eine Person imitieren,

indem alle Schüler sich bewegen wie der Soldat, der König, ein Verwundeter, ein Gefangener, ein Bestohlener usw. Dabei laufen die Schüler frei durch die Klasse und hören auf Ihre Anweisungen oder auf die eines Schülers. In einer anschließenden Reflexionsrunde tauschen sich alle über ihre Empfindungen und Erfahrungen aus.

Unterstützend zum Lernstoff Bewegungen zuordnen.

Diese Methode kann schon beim Schreibenlernen angewendet werden. Jedem Buchstaben wird unterstützend ein passendes Handzeichen zugeordnet. Schwierige Stellen (z.B. Endlaut t oder d) können die Kinder mit Hilfe des Handzeichens erkennen. Sprechen Sie Wörter dabei häufig besonders gedehnt, um auf Stolperstellen aufmerksam zu machen oder Schüler mit Problemen zu unterstützen. Diese Methode, die so genannte Pilotsprache, ist insbesondere sehr hilfreich bei Schülern mit Lese-Rechtschreib-Schwäche. Außerdem eignet sie sich sehr gut für Inklusionsklassen, da schwächere oder schwerhörige Schüler die unterstützende Hilfe durch die Pilotsprache in Anspruch nehmen können.

Im Fremdsprachenunterricht führen die Schüler, während sie die Vokabel aussprechen, ein passendes Handzeichen aus. Durch die Verknüpfung wird der Lerneffekt erhöht.

Kreative Arbeitsformen

Szenisches Lernen können Sie nahezu in allen Fächern und zu jeder Unterrichtsphase nutzen. Wichtig ist, dass Sie sich mit der Form identifizieren und sich die Durchführung vorstellen können. Dabei sind alle oben beschriebenen Formen geeignet.

Die Idee kann **in verschiedenen Fächern** eingesetzt werden:
Deutsch (szenische Umsetzung von Gedichten oder Balladen, Märchen lesen und spielen, Kurzgeschichten spielen, Erlebnisse nachspielen …), **Mathematik** (Bau von Standbildern zum Thema Formen; Auseinandersetzung mit den Begriffen „weniger", „mehr", „dazukommen", „wegnehmen"; pantomimische Darstellungen von Rechengeschichten …), **Naturwissenschaften/Sachkunde** (Nachspielen von Versuchen, z.B. Vakuumversuch mit Magdeburger Halbkugeln, Entdecker im Tierreich …), **Fremdsprachen** (Einführung von Wörtern/Phrasen durch unterschiedliches Sprechen und Belegung mit einer spezifischen Bewegung, Nachspielen von kurzen Szenen zur Festigung des Sprachgebrauchs: Nach der Uhrzeit fragen …), **Geschichte** (Nachspielen geschichtlicher Ereignisse, Bau von Standbildern zu geschichtlichen Begebenheiten …), **Sozialkunde** (Nachspielen von Konfliktsituationen, Bewerbungsgespräch, Standbild zum Thema „typisch Junge/typisch Mädchen", Gewalt …).

Zum Abschluss sollte immer eine Auswertungsphase stattfinden, in der die Lerngruppe das szenische Lernen reflektieren und ggf. Verbesserungs- oder Veränderungsvorschläge vorbringen kann.

Tipps

Versuchen Sie, regelmäßig Elemente des szenischen Lernens in Ihren Unterricht einzubauen. Dadurch gewöhnen Sie die Schüler an die Vorgehensweise und können selbstständiger arbeiten.
Während der Durchführungsphase, in der die Schüler ihr Spiel entwickeln, sowie bei der Vorstellung sollten Sie sich weitgehend zurückhalten.

55 Theater

In den letzten Jahrzehnten hat das Theaterspielen in der Schule einen neuen Auftrieb erfahren. Viele Schulprojekte und pädagogische Modelle, die Vorbildcharakter haben, wie z.B. die Helene-Lange-Oberschule in Wiesbaden, haben das Theaterspiel als eine wichtige Form des Lernens für sich entdeckt.

Kreative Arbeitsformen

Das Theater ist eine ganzheitliche, handlungsorientierte Methode, denn es analysiert im Unterricht den Einsatz und die Wirkung theatraler Mittel, wie Körper, Stimme, Raum, Requisiten, Kostüm, Bühnenbild und Licht. In den Lehrplänen ist das Darstellende Spiel in allen Klassenstufen zu finden.

Ziele

Das Theaterspiel fördert die Kreativität der Schüler. Neben fachlichen Kompetenzen werden gesellschaftliche, emotionale und ästhetische Fähigkeiten ausgebildet. In den Inszenierungen können verschiedene Verhaltensmuster ausprobiert und gewonnene Erfahrungen auf das eigene Leben projiziert werden. Auf diese Weise werden Werte, Ansichten und Meinungen ausgebildet und gefestigt. Auch unterschiedliche soziale Kompetenzen werden durch die Interaktion geschult. Eine gute Theateraufführung erfordert von den Schülern zudem ein hohes Maß an Disziplin.

Vorbereitung

Die Vorbereitung ist je nach Form und Größe der Aufführung sehr unterschiedlich. Während das Stegreiftheater praktisch ohne Vorbereitung auskommt, kann die Aufführung eines großen Theaterprojektes eine mehrmonatige Vorbereitungszeit erfordern.

So geht's

Es gibt verschiedene Spielformen, die sich für den Unterricht eignen. Einige Arten, die im Folgenden erwähnt werden, stelle ich Ihnen auf Grund ihrer Popularität und ihres Umfangs in eigenen Ideen vor.

Sketch
Sketche sind in allen Klassenstufen sehr beliebt und außerdem mit relativ geringem Aufwand zu spielen. Deshalb können Sie sie auch als Vorübung oder Warmup einsetzen.

Pantomime
Pantomime schaltet das Hauptkommunikationsmittel (der Schule), die Sprache, aus. Deshalb ist eine pantomimische Darstellung immer dann von Vorteil, wenn Begriffe oder Vorgänge dargestellt werden sollen. Besonders interessant ist die Umsetzung abstrakter Begriffe, da durch das Nonverbale die Körpersprache viel mehr Gewicht erhält. Pantomime können Sie zum Sam-

Kreative Arbeitsformen

meln von Begriffen bei der Einführung eines neuen Themas nutzen. Eine weitere Möglichkeit ist die Vertiefung eines Themas, z.B. wenn Situationen wie ein Streit oder eine Bewerbung in einer Firma pantomimisch dargestellt und anschließend die Körpersprache ausgewertet werden.

Klassisches Theater

Soll das klassische Theater öffentlich aufgeführt werden, sind der zeitliche Aufwand und die Vorbereitung sehr intensiv. Vor Beginn muss entschieden werden, welche Art von Text zu Grunde gelegt werden soll.

... Das literarische Theater greift auf **dramatische Vorlagen** zurück. Diese Form wird häufig von höheren Klassen gewählt. Achten Sie hier darauf, dass die Rollen den Schülern in Anzahl und Charakter entsprechen. Andernfalls muss das Stück bearbeitet werden.

... Eine weitere Möglichkeit ist die **Bearbeitung** einer Vorlage einer anderen Textgattung. Hier können alle Texte, wie z.B. Kinder- oder Jugendbuch, Roman, Hörspiel, Gedichte, Zeitungstexte, Nachrichten oder sogar Lieder als Vorlage für das Theaterstück dienen. Durch die Bearbeitung können Sie die einzelnen Rollen besser auf die Schauspieler abstimmen. Alle Rollen können zudem gleichmäßiger gestaltet werden. Diese Form lässt sich schon mit Grundschulkindern umsetzen, kann aber auch für höhere Klassen, die sich selbst mit dem Grundlagentext auseinandersetzen und diesen umschreiben, reizvoll sein.

... Die dritte Art stellt die **Eigenproduktion** dar. Sie ist sehr komplex und benötigt dementsprechend viel Zeit. Hierbei schreiben die Schüler selbst ein Stück, das sie anschließend schauspielerisch umsetzen. Dies ist sehr motivierend, da sich die Schüler stark mit ihrem eigenen Werk identifizieren und die Rollen genau auf die Schauspieler passen.

- **Stegreifspiel (Improvisationstheater)** (vgl. Idee 56)
- **Puppen-/Figurentheater** (vgl. Idee 58)
- **Schattenspiel** (vgl. Idee 59)
- **Schwarzlichttheater** (vgl. Idee 60)
- **Musical** (vgl. Idee 61)

Es gibt verschiedene Organisationsformen, wie Theaterspielen in der Schule umgesetzt werden kann.

Kreative Arbeitsformen

Innerhalb einer Klasse während der Unterrichtszeit
Dabei bereiten Sie mit einer Klasse ein Stück vor und üben es ein. Diese Organisationsform ist organisatorisch gut durchführbar, wenn Sie viele Stunden in der Klasse unterrichten, die sie sich frei einteilen können.

Innerhalb einer Projektwoche
Dies ist wohl die am meisten verbreitete Form, weil sie der Durchführung, die eine zentrierte Vorbereitung am Stück ohne Unterbrechung nach 45 Minuten fordert, entgegenkommt. Allerdings ist dazu ein höherer organisatorischer Aufwand nötig, weil Sie Projektwochen mit den Kollegen abstimmen müssen.

Theaterkurs
An einigen Schulen ist es möglich, im Bereich Darstellendes Spiel Wahl- oder Pflichtkurse zu belegen. Bei dieser Variante üben die Schüler innerhalb eines Schul- oder Halbjahres ein Stück ein. Dafür sind alle Spielformen geeignet.

Theater-AG
Im Gegensatz zu den oben beschriebenen Organisationsformen ist die Teilnahme an einer Arbeitsgemeinschaft außerhalb des Unterrichts freiwillig. Dementsprechend können Sie auch auf die Gruppengröße und die Gruppenzusammensetzung Einfluss nehmen.
Auf Grund der Komplexität der Idee ist es nicht möglich, die Vorgehensweise bei einer Theateraufführung näher zu beschreiben. Für größere Vorhaben finden Sie bei L. Bany-Winters gute Anregungen (vgl. Literaturverzeichnis).

Tipps

Im offenen oder geöffneten Unterricht ist es vorstellbar, dass sich eine Neigungsgruppe bildet, die selbstständig, ähnlich wie eine Arbeitsgemeinschaft, an einem Theaterprojekt arbeitet.

56 Stegreifspiel (Improvisationstheater)

Das Stegreifspiel greift auf die Urkräfte des Spiels zurück und nutzt die Handlungsfähigkeit zur Förderung der Spontanität und Kreativität.

Ziele

Das Stegreifspiel fördert u.a. die Fähigkeit des spontanen Agierens und Reagierens und bietet den Schülern die Möglichkeit, sich in verschiedenen

Kreative Arbeitsformen

Rollen zu erfahren sowie ihr Verhalten und ihre Wirkung zu reflektieren. Die aktive Erweiterung des eigenen Rollenrepertoires stärkt das Selbstbewusstsein und verbessert die soziale Handlungskompetenz im Alltag.

Vorbereitung

Bei einem Stegreifspiel handelt es sich um Darstellungen von einzelnen Szenen ohne Textvorlage. Sie geben lediglich das Thema und eventuell Figuren oder Typen sowie eine Rahmenhandlung vor. Die Umsetzung des Spiels wird von den Darstellern improvisiert und kann in Form von Dialogen, Monologen, Gebärden und Tänzen dargeboten werden.

So geht's

Wird die Klasse das erste Mal an ein Stegreifspiel herangeführt, empfiehlt es sich, mehr Strukturen (Szene und Rollen) vorzugeben, um eine gewisse Sicherheit zu schaffen. Haben die Schüler sich der neuen Methode angenähert, kann das Spiel immer freier gestaltet werden. Folgender Ablauf ist denkbar:

Sie oder die Schüler geben eine Situation für das Spiel vor. Anschließend werden die Rollen festgelegt. Zur visuellen Unterstützung können sich die Spieler Pappschilder, auf denen ihre Figur benannt ist, umhängen. Als Requisiten können auch vorhandene Alltagsgegenstände dienen. Erlaubt ist alles, was spontan zur Verfügung steht. Während der Darstellung können Sie das Spiel leiten, indem Sie die Zeit ansagen. Nach einer Weile können die Schüler auch die Rollen tauschen. Am Ende des Spiels wird in einer Feedbackrunde besprochen, wie sich die Schüler in den einzelnen Rollen gefühlt haben, wie sie sich einbringen konnten und wie sie wahrgenommen wurden.

Tipps

In einigen Fällen kann sich die Handlung aus der Situation der Klasse ergeben, wenn z.B. ein Konflikt nachgespielt wird.

Auch das Spiel eines häuslichen Konflikts ist denkbar: Die Tochter möchte auf eine Party gehen. Die Eltern sind dagegen. Im Spiel müssen sich die Schüler mit der Argumentation der Eltern auseinandersetzen. Dadurch erfahren Sie, dass bei den Eltern Ängste und Sorgen mitschwingen. Aber auch die Wünsche und Bedürfnisse der Tochter werden berücksichtigt.

Abschließend kann nach Kompromissen gesucht werden. Für die Grundschule ist insbesondere das Thema „Verhalten gegenüber Fremden" geeignet. Im Stegreifspiel wird ein Schüler spontan damit konfrontiert, sich abzugrenzen und „nein" zu sagen, wenn ein Fremder ihn anspricht. Auf Grund des schnellen, flexiblen Einsatzes ohne Vorbereitung können auch kurze Unterrichtssequenzen genutzt und Verhaltensweisen trainiert oder verinnerlicht werden.

57 Lebendige Zeitung

Die Methode der lebendigen Zeitung wurde von Jacob Levy Moreno, dem Begründer des Psychodramas, zur Erwärmung für ein Thema eingesetzt. Er entwickelte den Begriff der „living newspaper" weiter in „dramatized newspaper". Die lebendige Zeitung sollte eine Verbindung zwischen Zeitung und Theater darstellen und kann in der Kategorie des Soziodramas eingeordnet werden.

Ziele

Die lebendige Zeitung ermöglicht den Schülern, Texte kreativ wiederzugeben, und erlaubt einen anderen Zugang zum Inhalt.

Vorbereitung

Bringen Sie eine Zeitung oder einen Artikel in die Klasse mit. Die Schüler wählen eine Schlagzeile aus, die sie später szenisch umsetzen.

So geht's

Der Zeitungsartikel kann so dargestellt werden wie in der Zeitung beschrieben, er kann aber auch im Stegreif weiterentwickelt werden. Die Schüler können z.B. spielen, wie ein Ereignis sich weiter verhalten wird/kann. Die Schüler erwärmen sich so spielerisch auf einer anderen Ebene für das vorliegende Thema, das Sie später im Unterricht weiter vertiefen können.

Tipps

Wenn Sie die Form für den Unterricht weiter vertiefen wollen, hilft die Idee 54 (Szenisches Lernen).

Kreative Arbeitsformen

58 Puppen-/Figurentheater

Insbesondere Grundschulkinder brauchen Identifikationsfiguren, mit denen sie kommunizieren können. Aber auch ältere Schüler und Erwachsene haben Freude am Puppenspiel oder Figurentheater, wenn die Inhalte altersgemäß sind. Man denke nur an Comedians, die mit Maulwurf, Frosch oder Schildkröte ein breites Publikum begeistern.

Ziele

Das Puppenspiel regt die Fantasie an. Im Puppenspiel erleben die Schüler bewusste oder unbewusste Wünsche und Zustände und können sich auf spielerische Weise mit ihnen auseinandersetzen. Auch das Schlüpfen in fremde Rollen wird mit der Handpuppe einfacher: Nicht mehr der Schüler selbst gibt etwas von sich preis, sondern die Puppe agiert und redet. Auf diese Weise entsteht, ähnlich wie beim klassischen Rollenspiel, ein sanktionsfreier Raum, in dem soziale Kompetenzen aufgebaut werden können. Durch den Rollenwechsel können die Schüler Normen spielerisch ausprobieren. Zudem werden sprachliche Kompetenzen gefördert.

Vorbereitung

Die Schüler können die Puppen im Unterricht selbst anfertigen. Dazu gibt es ganz unterschiedliche Möglichkeiten. Die einfachste und bekannteste ist, die Puppe aus einem Socken anzufertigen. Aber auch andere Möglichkeiten, z.B. mit Pappmaché und Stoff, sind denkbar. Die weitere Vorbereitung hängt stark von der Art des Einsatzes der Puppe im Unterricht ab.

So geht's

Es gibt verschiedene Arten oder Möglichkeiten zum Einsatz von Handpuppen im Unterricht:
- ... Sie führen die Puppe und sprechen mit oder zu den Schülern.
- ... Sie führen die Puppe und halten mit ihr einen Dialog.
- ... Ein Schüler führt die Puppe und spricht mit oder zu den Schülern.
- ... Ein Schüler führt die Puppe und hält mit ihr einen Dialog.
- ... Mehrere Schüler spielen ein Puppenspiel mit verschiedenen Puppen.
- ... Die Puppe nimmt am Kreisgespräch teil. Dabei wird sie von Ihnen oder einem Schüler geführt.

Kreative Arbeitsformen

Häufig kommt es auch zu Mischformen, in denen die Puppe teilweise mit dem Puppenspieler einen Dialog führt, sich dann aber an die Zuhörer wendet. Diese Art können Sie insbesondere bei Kindern anwenden, da diese sich mit der Puppe stärker identifizieren. Auch im Fremdsprachenunterricht ist diese Vorgehensweise sehr verbreitet.

Im geöffneten Unterricht gibt es verschiedene Einsatzmöglichkeiten:

Die Puppe als Impulsgeber

An Stelle des Lehrers oder eines Schülers erläutert die Puppe ein Erlebnis, ein Problem oder eine Situation. Durch die Verfremdung werden die Schüler zwar angesprochen, identifizieren sich aber auf eine andere Weise mit dem Inhalt, als wenn eine Person diesen „real kommunizieren" würde. Insbesondere soziale Themen können so unverfänglich erörtert werden. Die Puppe kann z.B. in der Pause einen Streit erlebt haben usw. Im Anschluss können verschiedene Methoden genutzt werden, um den Impuls zu diskutieren.

Die Puppe als Hilfe bei Rollenspielen

Das Rollenspiel ist eine Möglichkeit, einen Impuls umzusetzen und soziale Kompetenzen zu fördern. Durch das Rollenspiel mit einer Puppe ist die Distanz zur Rolle noch größer als bei einem herkömmlichen Theaterspiel, da nicht der Schüler, sondern die Puppe die Rolle innehat. Im Rollenspiel sollten der Ausgang und damit auch die Dialoge frei sein und während des Spiels entstehen. Themenvorschläge für Rollenspiele sind (neben den oben genannten): sich entschuldigen, verliebt sein, ein Kompliment machen, um Hilfe bitten, „nein" sagen usw. Zur Förderung der sprachlichen Kompetenzen, insbesondere bei Inklusion oder im Fremdsprachenunterricht, eignen sich auch neutrale Themen, wie Einkaufen gehen, einen Freund anrufen oder einen Ausflug unternehmen.

Die Puppe im Figurentheater

Hier ist sowohl die Möglichkeit des Besuchs eines professionellen Puppentheaters als auch das Spielen bekannter oder eigener Stücke denkbar. Während des Spiels wird die Fantasie der Schüler angeregt. Spielen die Schüler selbst, sollten Sie vor dem eigentlichen Spiel einige Überlegungen anstellen:

- ... Welche Geschichte soll gespielt werden (bekannt oder selbstverfasst?)
  → Eignet sich die selbstverfasste Geschichte oder muss sie ggf. umgeschrieben werden?
- ... Welche Rollen kommen vor?
- ... Wie sollen die Rollen besetzt werden?

Kreative Arbeitsformen

... Wie muss sich die Puppe verhalten, was muss sie tun, damit sie überzeugend wirkt?
... Welche Hilfsmittel/Requisiten werden benötigt?
... Wie werden die Szenen gestaltet – wird ein Bühnenbild benötigt?

Die Puppe als Hilfe für Schreibanlässe

Gerade im Anfangsunterricht kann die Handpuppe gute Schreibanlässe geben: Die Kinder können der Puppe Briefe schreiben, die diese dann beantwortet. Manchmal fällt es Kindern leichter, mit einer Handpuppe als mit dem Lehrer zu kommunizieren. Die Handpuppe kann auch Kontakt mit Kindern aufnehmen, die nicht so viel Klassenpost bekommen.

Tipps

Beim Bewegen von Handpuppen sollten einige Regeln beachtet werden (in: Graffmann 2007, S. 54):

... Die Puppe sollte einen festen Platz im Klassenraum haben, aus dem heraus sie jeweils „auftritt" (eine Schachtel, Schublade, Schrank o.Ä.). Sie sollte nicht irgendwo im Raum herumliegen und bei Bedarf über den Arm gestülpt werden. Sie sollte auch nicht auf Ihrem Arm verbleiben, wenn sie nicht eingesetzt wird.
... Puppen werden dadurch lebendig, dass sie atmen. Die Atembewegung bewirkt der Spieler durch eine leichte Bewegung mit dem Handballen.
... Wichtig ist die vertikale Haltung der Puppe. Nur aus dieser Haltung sind Handlungen wie Verbeugen, Winken usw. möglich.
... Alle Bewegungen müssen sparsam sein, entsprechend der Größe und den Bewegungsmöglichkeiten der kleinen Puppe. Insbesondere beim Sprechen sind minimale Bewegungen des Kopfes und der Hände wichtig.
... Das Gehen der Puppe muss die Größe der Puppe berücksichtigen. Dabei gilt es, eine horizontale Grundlinie (Boden) zu simulieren und große vertikale Ausschläge zu vermeiden.
... Wenn die Puppe nicht spricht und handelt, sollte sie eine neutrale Haltung einnehmen. Das geschieht am besten dadurch, dass sie die Arme kreuzt und nur atmet.
... Schließlich sollte der Spieler überlegen, wie er sein Handeln in deutlichen Kontrast zum Handeln der Puppe setzen kann. Je mehr die beiden als unabhängige Individuen auftreten, desto überzeugender ist die Situation.

Kreative Arbeitsformen

59 Schattenspiel

Das Schattenspiel ist wahrscheinlich die älteste Theaterform der Welt. Sie ist einfach zu realisieren und trotzdem sehr wirkungsvoll. Das Spiel mit Licht und Schatten ist für die Schüler hoch motivierend.

Ziele

Fantasie und Kreativität der Schüler werden angeregt. Sie setzen sich handelnd mit Lerninhalten auseinander. Neben dem Erwerb von Sachkompetenzen werden Methodenkompetenzen sowie sprachliche Kompetenzen erworben. Außerdem stärkt die Arbeit in der Gruppe soziale Kompetenzen.

Vorbereitung

Trennen Sie die Bühne mit einem dünnen, weißen Laken ab. Für die Projektion benötigen Sie eine starke Lampe, die einen möglichst scharfen, konturreichen Schatten wirft. Für den schulischen Gebrauch eignen sich Halogenlampen besonders, weil sie ein klares Licht spenden und nicht heiß werden. Sie können auch einen Overheadprojektor nutzen, der das Laken bestrahlt. Alternativ können die Schüler mit kleinen Figuren direkt auf dem Overheadprojektor spielen. Zum Herstellen der Puppen benötigen Sie Pappe, eine Schere sowie Stäbe, möglichst aus durchsichtigem Material (z.B. Plexiglas).

So geht's

Zuerst muss die Gruppe entscheiden, was gespielt werden soll und welche Rollen zu vergeben sind. Beim Spiel sind zwei Vorgehensweisen möglich:
- Es gibt einen Erzähler, der die gesamte Geschichte vorliest. Andere Schüler spielen gleichzeitig das Erzählte.
- Jeder Spieler spricht gleichzeitig zu seinem Spiel seine Puppe. Beachten Sie, dass insbesondere Kinder bei dieser Vorgehensweise schnell überfordert sein können.

Anschließend werden Figuren und Requisiten gebastelt. Dazu malen die Schüler die Konturen auf und schneiden sie aus Pappe oder Moosgummi aus. Sie können Figuren auch mit Gelenken beweglich gestalten, indem sie diese mit Musterklammern verbinden. Allerdings werden dann zum Führen beide Hände benötigt.

Kreative Arbeitsformen

Danach wird die Bühne gebaut. Sie sollte einen festen Rahmen haben, über den ein dünnes Laken gespannt wird. Eine Leiste, die am unteren Bühnenrand befestigt wird, ermöglicht es, unbewegliche Teile des Bühnenbildes (z.B. Bäume oder ein Haus) oder Requisiten (einen Schlüssel, eine Blume oder ein Geschenk) sowie starre Figuren (z.B. wenn nicht genügend Spieler zur Verfügung stehen) zu fixieren. Die Dinge können mit einem festen Klebeband oder mit Klettband daran befestigt werden.

Im Anschluss proben die Spieler, bevor es zur Aufführung kommt. Abschließend sollten Sie eine Reflexionsphase einplanen.

Tipps

Beschränken Sie sich beim Entwurf der Figuren auf grobe Umrisse und vergrößern Sie wichtige Details.

Beachten Sie, dass die Bühne kleiner als beim „normalen" Theater ist. Dementsprechend sollte die Zuschauerzahl angepasst werden.

Diese Spielform ist besonders für den frühen Fremdsprachenunterricht geeignet, da einfache Dialoge visuell untermalt werden.

Alternativ können die Schüler beim Schattentheater auch real spielen. Es ist jedoch zu bedenken, dass man nur die Konturen der Spielenden sieht, d.h., das Element der Mimik fehlt.

60 Schwarzlichttheater

Gegenstände oder weiße Masken bewegen sich scheinbar schwebend durch den Raum. – Schwarzlichttheater ist eine faszinierende Art des Theaters, da sie mit optischer Täuschung arbeitet. Deshalb ist sie für die darstellenden Schüler besonders motivierend und für Zuschauer besonders spannend. Die Durchführung ist nicht so aufwändig, wie sie auf den ersten Blick scheint.

Ziele

Durch das Spiel mit der Imagination wird die Fantasie und Kreativität der Schüler im Besonderen angesprochen. Wie bei den anderen Spielarten des Theaters werden außerdem methodische und soziale Kompetenzen gefördert.

Kreative Arbeitsformen

👓 Vorbereitung

Schaffen Sie sich vor der ersten Vorstellung eine Grundausstattung an. Sobald diese vorhanden ist, können Sie sie immer wieder verwenden. Für folgende Aufführungen müssen Sie nur noch spezielle Requisiten, die für das bestimmte Stück benötigt werden, anfertigen oder besorgen. Es können sowohl weiße Dinge (aus Baumwolle oder anderen Naturmaterialen) als auch neonfarbene Materialien zum Leuchten gebracht werden. Zur Grundausstattung gehören:

Für die Bühne
- 5 Bahnen schwarzer Stoff zur Verdunklung der Bühne. Die Stoffteile für Rückseite, Boden und Decke sollten mindestens die Maße 3 x 4 m, die Seitenteile die Maße 3 x 3 m haben.
- 1–2 Schwarzlichtröhren
- 1 Reflektor für die Schwarzlichtröhre

Zubehör
- durchsichtiges oder schwarzes Klebeband
- Wäscheklammern
- schwarzer Hocker

Kostüme
- völlig schwarze Kleidung, inklusive Handschuhe und Gesichtsmaske
- schwarze Schminke für die Gesichter

Je nachdem, welche Körperteile sichtbar sein sollen, benötigen Sie folgende weiße Kleidungsstücke:
- weiße Schminke
- weiße Gesichtsmaske, z.B. aus Gips oder Plastik
- weißer Hut
- weiße Handschuhe
- weißes T-Shirt
- weiße Latzhose
- weiße Shorts oder weißer Minirock
- weiße Stulpen
- weiße Socken

Requisiten
- weißer Stoff oder weißes Laken
- weiße oder neonfarbene Schwungbänder

Kreative Arbeitsformen

- ... weiße oder neonfarbene Jongliertücher
- ... weiße oder neonfarbene Bälle in verschiedenen Größen (z.B. Tischtennisbälle, Tennisbälle)
- ... weiße Wolle
- ... neonfarbenes Luftschlangenspray
- ... schwarzer Stoff oder Decke, um Personen oder Gegenstände verschwinden zu lassen
- ... schwarze Stoffbeutel, um Gegenstände verschwinden zu lassen
- ... schwarzer Stock (Laternenstock) zum Anhängen und Schwebenlassen von Gegenständen
- ... weitere selbstgebastelte Requisiten aus Pappe, bemalt mit weißer oder Neonfarbe

Zur Untermalung des Schauspiels ist das Einspielen von Musik oder Geräuschen hilfreich.

So geht's

Schwarzlichttheater läuft pantomimisch ab. Dementsprechend gelten inhaltlich die gleichen Regeln und Grundsätze, die bei der Pantomime beschrieben wurden (vgl. Idee 55, Theater).

Das Schwarzlichttheater wirkt nur, wenn der Raum völlig dunkel ist. Fenster und Türspalten müssen dementsprechend ggf. mit schwarzer Folie abgeklebt werden. Fotos, insbesondere mit Blitzlicht, sind tabu. Die spielenden Personen müssen vollständig schwarz gekleidet sein. Zusätzlich zur Gesichtsmaske wird der Bereich um die Augen schwarz geschminkt.

Die Spieler führen die Bewegungen langsam und überdimensional, fast wie in Zeitlupe, aus. Es sind nur Bewegungen in zwei Dimensionen, also nach oben und unten sowie rechts und links, nicht aber in die Tiefe, sichtbar.

Da Schwarzlicht beim Spielen eine völlig andere Wirkung hat als Theaterspiel bei normalen Lichtverhältnissen, sollte der Umgang mit verschiedenen Requisiten und Materialien zuerst geübt werden.

Im Anschluss daran wird das Stück erarbeitet. Als Grundlage kann entweder ein bestimmtes Thema oder ein Musikstück, das interpretiert wird, dienen. Dafür werden zuerst Ideen gesammelt. Anschließend überlegen alle zusammen, wie sie diese umsetzen können. In einer Übungsphase können die Spieler Verschiedenes ausprobieren und beurteilen, welche Ideen umsetzbar

Kreative Arbeitsformen

sind und gut wirken. Aus diesen Ideen entsteht das Stück, das nachfolgend eingeübt wird.

Den krönenden Abschluss bildet die (mehrfache) Aufführung. Geben Sie auch bei dieser Idee den Schülern die Gelegenheit zu einer abschließenden Reflexion.

Tipps

Nicht alle weißen Artikel leuchten gleich gut. Um Enttäuschungen zu vermeiden, sollte Sie sie vor dem ersten Einsatz überprüfen.

Um sich an die Dunkelheit zu gewöhnen und die Spannung zu nehmen, können die Schüler als Warmup einige Spiele im Dunkeln spielen.

Da Schwarzlicht anstrengend für die Augen ist, sollte das Stück nicht zu lang sein.

In einigen Bundesländern gibt es Initiativen oder Vereine, die eine Grundausstattung für Schwarzlichttheater verleihen. Sie können diese im Internet recherchieren oder direkt bei Projekten mit Schwarzlichttheater anfragen.

61 Musical

Eine besondere und sehr beliebte Form des Theaters ist das Musiktheater oder auch Musical. Musicals haben durch ihren Wechsel zwischen Sprache und Musik eine starke Dynamik. Sie entstammen außerdem der Lebenswelt der Schüler, da sich Musicals einer großen Popularität erfreuen.

Ziele

Durch das Musical erfahren die Schüler spielerisch ihre Umwelt. Komplexe Themen aus dem Alltag der Schüler können altersgerecht vermittelt werden. Mit dem Einüben und Aufführen wird die Entwicklung der Persönlichkeit gefördert sowie nachhaltiges und fächerübergreifendes Lernen auf spielerische Weise initiiert. Sprachliche Kompetenzen werden gefördert. Durch das Spiel nähern sich die Schüler dem Thema handlungsorientiert. Zusätzlich schaffen musikalische und tänzerische Elemente einen emotionalen Zugang. Durch die Interaktion mit anderen werden soziale Kompetenzen gefördert. Das Einüben und Aufführen eines Musicals verlangt außerdem ein hohes Maß an Konzentration und Disziplin.

Kreative Arbeitsformen

👓 Vorbereitung

Je nach Größe der Aufführung ist die Vorbereitung sehr umfangreich und aufwändig. Ähnlich wie beim Theaterspiel (vgl. Idee 55) sollten Sie zuerst überlegen, welche Schüler beteiligt sein sollen (klassenweise oder klassenübergreifend) und in welcher Weise Sie das Musical in den Unterricht integrieren können. Dies kann in Form fester Musical-Zeiten oder eines Projektes geschehen.

Gleichzeitig sollten Sie bedenken, wann und in welchem Rahmen die Aufführung stattfinden soll.

Handelt es sich um ein klassenübergreifendes Projekt, muss geklärt werden, welcher Lehrer oder Betreuer welchen Teilbereich übernimmt und ob eine Beeinträchtigung des Unterrichts berücksichtigt werden muss. Folgende Teilbereiche sind zu besetzen:

◉ Schauspieler
Je nach Kapazität sollten Sie zum effektiven Proben die Schauspieler in Haupt- und Nebenrollen unterteilen. Dazu sind zwei Betreuer optimal. Während der Aufführung ist ein Betreuer als Souffleur tätig, während der andere sich darum kümmert, dass die spielenden Personen rechtzeitig die Bühne betreten. In höheren Klassen können Schüler diese Ämter übernehmen. Bei Kindern sollten Sie außerdem einplanen, wartende Spieler zusätzlich zu betreuen.

◉ Chor (evtl. mit Solisten)

◉ Band oder Orchester bei Livemusik

◉ Technikgruppe
Die Technikgruppe kümmert sich um den Bühnenumbau und die Requisiten. Außerdem bedient sie die Ton- und Lichtanlage und den Beamer. Auch diese Aufgaben können Schüler übernehmen. Dabei sollten Sie jedoch darauf achten, dass die Schüler dafür gut geeignet sind, da insbesondere ein schlechter Ton die Qualität der gesamten Aufführung stark einschränkt.

◉ Bühnen-/Requisiten- und Kostümherstellung
Es muss entschieden werden, ob hierfür eine eigene Gruppe gebildet wird, die sich ausschließlich handwerklich beschäftigt und nicht spielt, oder ob diese Aufgaben parallel zur inhaltlichen Vorbereitung von allen übernommen werden. Eventuell können hier auch Eltern oder andere Personen mithelfen. Zusätzlich sollten Sie rechtzeitig an Werbe- und Informationsmaterial denken.

Kreative Arbeitsformen

🎯 So geht's

Zu Beginn steht die Entscheidung, welches Stück aufgeführt werden soll. Es gibt diverse fertige Schülermusicals, auf die Sie zurückgreifen können. In höheren Klassen ist es herausfordernd, ein eigenes Musical zu schreiben. Dies erfordert jedoch viel Zeit. Vorteil eines eigenen Musicals ist einerseits die hohe Identifikation der Schüler mit dem Stoff, andererseits auch die rechtliche Komponente. Für fertige Stücke müssen Sie in den meisten Fällen Aufführungsrechte erwerben.

Im Anschluss an die Auswahl des Stückes werden die Rollen verteilt. Damit beginnt die Probephase. Sie sind am effektivsten, wenn sie zuerst in kleinen Gruppen erfolgen und dann zusammengeführt werden. Parallel müssen Kostüme, Requisiten und das Bühnenbild angefertigt werden. Dabei können auch Eltern sehr hilfreich sein.

Spätestens ein bis zwei Wochen vor der Aufführung sollten die Schüler damit beginnen, die Proben am Originalspielplatz in Kostümen mit Requisiten und Technik zusammenzuführen. Dadurch entwickeln sie einen routinierteren Umgang. Insbesondere der frühe Umgang mit Mikrofonen ist wichtig. Beachten Sie, dass der Spielort (z.B. Aula oder Turnhalle) häufig von weiteren Gruppen genutzt wird. Stellen Sie deshalb sicher, dass Requisiten den richtigen Platz haben und die Technik nicht verstellt wurde. Dies ist insbesondere

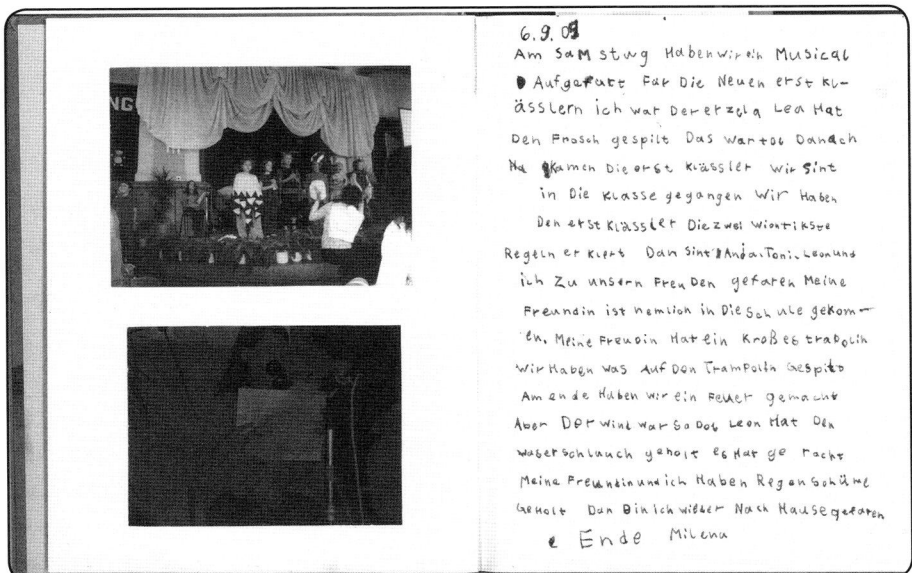

Kreative Arbeitsformen

nach der Generalprobe bzw. vor der Aufführung oder zwischen den Aufführungen wichtig. Die Generalprobe sollte möglichst einen Tag vor der Aufführung oder am selben Tag stattfinden.

Für die Uraufführung ist zu bedenken, welche Gäste speziell eingeladen werden müssen (Schulleitung, Kommunalpolitiker, Unterstützer …) und wer eine einleitende Ansprache hält. Planen Sie auch ein Dankeschön für die Helfer und Mitwirkenden (insbesondere auch im Hintergrund) ein.

Im Anschluss an die Aufführungen sollten Sie den Schülern die Gelegenheit geben, den gesamten Prozess zu reflektieren.

Tipps

Es gibt Institutionen und Angebote, die bei einer Musicalproduktion helfen oder diese durchführen. Eine Zusammenarbeit kann teilweise lohnend sein. Informationen dazu finden Sie im Internet.

Zusätzlich kann ein Schüler oder eine kleine Schülergruppe als „Reporter" eingesetzt werden, der oder die die gesamte Produktion dokumentiert und abschließend präsentiert (vgl. Ideen 64 und 65).

62 Tonreportage

Radio – ist das überhaupt interessant? – Warum nicht gleich filmen?

Beim Radiomachen ist das Vorstellungsvermögen gefragt, weil einer unserer Hauptsinne, das Sehen, ausgeschaltet ist. Der Beitrag muss also so in das akustische Medium übertragen werden, dass ein Hörer es verstehen und wieder in die eigene Vorstellung umsetzen kann.

Ziele

Durch das Aufnehmen bleibt das Material erhalten, d.h. die Schüler können immer wieder darauf zurückgreifen und sich z.B. Einzelheiten noch einmal anhören. Der Hörsinn wird geschult. – Dinge, die nur hörend dargeboten werden, müssen anders dargestellt werden als Dinge, die man auch sehen kann. Dies erfordert eine besondere Auseinandersetzung mit dem Thema. Außerdem können Tonaufnahmen einen Vortrag oder eine Präsentation bereichern, sie ergänzen oder sogar ersetzen.

Kreative Arbeitsformen

 Vorbereitung

Sie benötigen ein Aufnahmegerät mit Mikrofon und evtl. ein Programm zur späteren Bearbeitung am Computer.

So geht's

1. Vorbereitung

Zuerst entwerfen die Schüler einen Ablauf, wie sie die Tonreportage gestalten wollen. Folgendes ist dabei wichtig:

- Welches Thema soll bearbeitet werden?
- Wer kann dazu befragt werden?
- Wo soll die Reportage aufgenommen werden (sollen Geräusche im Hintergrund zu hören sein; ist der Originalplatz zu laut …)?
- Welche Fragen sollen gestellt werden?
- Werden nur Interviews aufgenommen, oder soll die Präsentation auch in Form einer Tonreportage erfolgen?

2. Durchführung

Die Schüler nehmen die Inhalte auf oder führen die Interviews durch.

3. Bearbeitung

Anschließend werden die aufgenommenen Inhalte bearbeitet und für eine Präsentation aufbereitet.

 Tipps

Die Methode eignet sich sehr gut für höhere Klassen. In diesem Alter sind die Computerkenntnisse so weit ausgeprägt, dass die Schüler sich schnell selbstständig in ein Schnittprogramm einarbeiten können. Auch die Einbeziehung außerschulischer Lernorte ist einfacher, weil Sie die Schüler nicht mehr permanent beaufsichtigen müssen.

In ihrem Buch „Schule kann gelingen" beschreibt die damalige Schulleiterin Enja Riegel, wie an ihrer Schule „Radio gemacht wird" (vgl. Literaturverzeichnis).

Kreative Arbeitsformen

63 Hörspiel

Hörbücher erfreuen sich einer immer größer werdenden Beliebtheit. Warum sollte man diese Methode nicht für die Schule nutzen? Gerade Kinder haben viel Freude daran, Texte und Geräusche aufzunehmen und sich selbst zu hören.

Ziele

Die Schüler steigern ihre Sprach- und Lesekompetenzen. Außerdem lernen sie, Dinge bewusst zu hören. Durch die Freude am Produkt wird ihre Motivation gesteigert.

Vorbereitung

Natürlich tut es auch der gute, alte Kassettenrekorder. Es ist jedoch wesentlich fortschrittlicher, simpler und qualitativ hochwertiger, wenn zur Aufnahme ein Mikrofon zur Verfügung steht, das an einen Computer mit Aufnahme- und Schneidesoftware angeschlossen ist. Für die Aufnahme sollten Sie einen Raum nutzen, der möglichst wenige Außengeräusche einlässt und wenig hallt.

Überlegen Sie gemeinsam mit Ihrer Klasse, welchen Text Sie aufnehmen wollen. Besonders gut eignen sich abwechslungsreiche Geschichten mit vielen verschiedenen Rollen. In der Vorbereitung können Sie den Schülern auch den Auftrag geben, einen Text zu einem Hörspiel umzuschreiben, indem sie z.B. indirekte Rede in wörtliche Rede umwandeln.

So geht's

Für die Aufnahme ist entscheidend, wie viele Mikrofone und wie viele Audioeingänge zur Verfügung stehen. Für erste Versuche ist es durchaus ausreichend, mit einem Mikrofon zu arbeiten und die Stimmen nacheinander einzusprechen. Wenn Sie mit der Technik vertraut sind, sollten Sie möglichst für jede Stimme ein eigenes Mikrofon und eine eigene Tonspur benutzen, da sich das Hörspiel auf diese Weise leichter bearbeiten lässt.

Die Schüler sollten Texte und Ablauf vorher üben. Weisen Sie die Schüler darauf hin, dass sie bei einem Versprecher einfach noch einmal den gesamten Satz von vorne beginnen sollen. Der missglückte Teil kann danach ohne Schwierigkeiten herausgeschnitten werden.

Kreative Arbeitsformen

Es gibt zwei verschiedene Möglichkeiten, Geräusche einzuspielen: Die Geräusche können entweder mit Requisiten nachgestellt und mit aufgenommen werden, oder sie werden gesondert vertont, bzw. es wird auf bestehende Geräusche zurückgegriffen (vgl. Tipps) und an den entsprechenden Stellen über das Computerprogramm eingefügt.

Führen Sie einen Lautstärketest durch, bevor die Schüler das gesamte Hörspiel einsprechen.

Sind alle Vorbereitungen beendet, kann die Aufnahme beginnen. Währenddessen müssen natürlich alle im Raum Anwesenden sehr leise sein.

Einsteigern genügt es meist, das eingesprochene Hörspiel nun anhören zu können.

Spielen Sie das fertige Produkt in der Klasse vor, und geben Sie den Schülern die Gelegenheit, die Aufnahme kritisch zu würdigen. Es bleibt auf CD in der Computerecke für alle verfügbar. Außerdem kann jeder Teilnehmer eine CD erhalten.

Tipps

Man findet eine Vielzahl an verschiedenen Geräuschen zur Untermalung im Internet. Hierzu einige Adressen: www.freesound.org, www.audiyou.de, www.blitzforum.de/scene/links/sounds.

Es ist jedoch auch spannend, verschiedene Geräusche selber nachzuahmen. Dazu muss zuerst das Geräusch ganz genau wahrgenommen werden. Wer hätte z.B. gedacht, dass kleine Perlen, die über gespanntes Backpapier (oder ein umgedrehtes Tamburin) rollen, wie Meeresrauschen klingen oder dass Schritte mit einer Saugglocke für Toiletten, die auf eine feuchte Oberfläche gedrückt wird, nachgestellt werden können.

Eine kostenlose Aufnahme- und Schneidesoftware ist das Programm Audacity (www.chip.de/downloads/Audacity_13010690.html).

Kreative Arbeitsformen

64 Fotoreportage (Fotostory)

Selbst in Schulanfangsphasenklassen ist eine Digitalkamera, die die Schüler nutzen können, eine gute Einrichtung.

Ziele

Eine Fotoreportage kann als Schreibanlass oder zur Ergebnispräsentation dienen. Die unterstützende Visualisierung erleichtert Erklärungen und vereinfacht die Darstellung von Prozessen. Die Arbeit mit Fotos ist außerdem meist sehr motivierend, da das Fotografieren Schülern Freude bereitet. Fotos können außerdem den Schreibprozess unterstützen, da das Bild hilft, Vorstellungen zu konkretisieren.

Vorbereitung

Stellen Sie den Schülern eine oder mehrere Digitalkameras zur freien Verfügung. Daneben sollten ein Drucker sowie große Papierbögen zum Aufkleben vorhanden sein.

Alternativ können die Schüler auch eine Powerpoint-Präsentation oder eine Foto-Show mit Hilfe des Computers erstellen.

So geht's

Überlegen Sie (gemeinsam mit den Schülern), ob die Reportage sich auf den Prozess der Arbeitsschritte beziehen soll oder ob mit der Reportage Ergebnisse dargestellt werden sollen.

Darstellung des Arbeitsprozesses
Hierbei begleiten die Schüler alle Phasen und Schritte ihrer Arbeit fotografisch. Ist die Arbeit am Thema beendet, wählen die Schüler geeignete Fotos aus, die den Arbeitsweg präsentieren. Die Fotos werden mit Untertiteln versehen und entweder aufgeklebt und ausgestellt oder in Form einer Powerpoint-Präsentation oder Foto-Show präsentiert.

Darstellung der Ergebnisse
In diesem Fall arbeiten die Schüler am Thema und halten ihre Ergebnisse fotografisch fest. Im Anschluss werden geeignete Fotos herausgesucht, die Bilder angeordnet und mit Texten versehen. Die Präsentation kann, wie oben beschrieben, über eine Wandzeitung oder in Form einer Powerpoint-Präsen-

Kreative Arbeitsformen

tation oder Foto-Show erfolgen. Für diese Vorgehensweise eignen sich Themen, bei denen eine Visualisierung vorteilhaft ist, z.B. „Hunde in der Großstadt", „Sehenswürdigkeiten in meiner Stadt", „Gefühle" (es werden unterschiedliche Gesichtsausdrücke interpretiert) usw.

Tipps

Auch Foto-Shows oder Powerpoint-Präsentationen können so eingerichtet werden, dass sie ohne Beisein des Erstellers laufen. Dementsprechend können sie anderen über einen längeren Zeitraum verfügbar sein.
Alternativ können die Schüler auch eine Fotostory erstellen: Sie erfinden eine Geschichte oder spielen eine bekannte Geschichte nach. Markante Szenen werden fotografiert und mit Sprechblasen versehen.

65 Videofilm

Film- und Fernsehen sind die Hauptmedien der heutigen Generation. Schüler filmen mit dem Handy und posten im Internet.

Ziele

Die Schüler setzen sich intensiv mit dem Stoff und mit den verschiedenen Schritten der Filmproduktion auseinander. Neben der Sachkompetenz erlangen sie außerdem hohe soziale Kompetenzen, da Teamarbeit unverzichtbar ist. Das Verhalten des Einzelnen wirkt sich stark auf das Gesamtergebnis aus. Außerdem erwerben die Schüler methodische Kompetenzen bezüglich des Drehablaufes sowie der Nutzung der technischen Geräte und der Software. Der Dreh eines Films erfordert weiterhin Disziplin und Aufmerksamkeit.

Vorbereitung

Für den Filmdreh werden neben geeigneten Drehplätzen und Requisiten einige technische Geräte benötigt:

Kamera
Sie benötigen eine Videokamera, die digital speichert.

Stativ
Um verwacklungsfreie Bilder zu erhalten, sollte so oft wie möglich ein Stativ verwendet werden.

Kreative Arbeitsformen

◎ Mikrofon
Ein Bild mit schlechtem Ton verfehlt die Wirkung. Deshalb sollten Sie unbedingt darauf achten, ein gutes, von der Kamera unabhängiges Mikrofon zu verwenden. Richten Sie das Mikrofon direkt auf die Schallquelle aus.

◎ Tonangel
Um nahe an die Tonquelle zu gelangen, ohne dass das Mikrofon im Bild zu sehen ist, benötigen Sie eine Tonangel. An ihr wird das Mikrofon befestigt.

◎ Computer mit geeigneter Software
Zur Nachbearbeitung sollten Sie einen Computer mit aktuellem Prozessor und möglichst großem Arbeitsspeicher, einer guten Sound- und Grafikkarte sowie eine Bearbeitungssoftware zur Verfügung haben. Die Firma Magix aus Berlin bietet ein hochwertiges Programm als abgespeckte Schulvariante relativ preiswert an. Ein Einsteigerprogramm (Windows Movie Maker) ist bei den meisten Windows-Rechnern mit enthalten. Besonders für Anfänger ist es sinnvoll, zu Gunsten einer einfachen Bedienbarkeit auf sehr hochwertige, komplexe Programme zu verzichten.

⌾ So geht's

Es gibt mehrere Möglichkeiten, das Filmen im Unterricht einzusetzen:

Dreh einer Filmreportage
Die Reportage berichtet von den Originalschauplätzen über ein Thema. Im Gegensatz zur Berichterstattung, wie z.B. in Nachrichten, ist es dem Reporter erlaubt, Fakten durch eigene Eindrücke zu ergänzen. Der Fernsehzuschauer soll sich dadurch möglichst gut in die Situation hineinversetzen können. Deshalb sollte der Reporter im Präsens sprechen sowie viele Adjektive und bildhafte Beschreibungen verwenden. Eine Reportage kann durch Interviews und Kommentare ergänzt werden. Im Unterricht kann über verschiedene Themen eine Reportage gedreht werden. Denkbar ist die Vorstellung verschiedener Berufsbilder oder geschichtlicher Schauplätze vor Ort oder die Berichterstattung von einer (schulischen) Veranstaltung.

Dreh eines Dokumentarfilms
Der Dokumentarfilm befasst sich mit dem tatsächlichen Geschehen. Daher eignen sich insbesondere Themen aus dem sozialkundlichen oder geschichtlichen Bereich. Auch die Geschichte der Schule oder die Begleitung einer Familie können zum Thema für einen Dokumentarfilm werden. Dazu ist es

Kreative Arbeitsformen

auch möglich, Interviews, z.B. mit Zeitzeugen, durchzuführen, aber auch Szenen möglichst originalgetreu nachzuspielen.

Dreh eines begleitenden Berichts (Dokumentation)
Diese Art eignet sich, um das Klassen- und Schulleben einzufangen: Es werden Aktionen, z.B. ein Ausflug, eine Klassenfahrt, das Making-of eines Themas oder einfach der Schulalltag, gefilmt und hinterher durch Untertitel oder Tonbeiträge kommentiert. Häufig wird auch Musik unterlegt.

Dreh eines Films
Es gibt unterschiedliche Anlässe und Möglichkeiten, im Unterricht Filme zu drehen. Sie können im Fach Darstellendes Spiel, als eine Sonderform des Theaters oder auch in weiteren Bereichen gedreht werden. Hier eignet sich besonders der sozialkundliche Bereich, weil die Schüler Gelegenheit haben, unterschiedliche Rollen auszuprobieren und Gefühle nachzuempfinden. Auch konfliktreiche Alltagssituationen können nachgespielt und ausgewertet werden. Weiterhin ist eine Auseinandersetzung mit Genderrollen in der Werbung oder die Verfilmung einer selbstgeschriebenen Geschichte denkbar.

Dreh eines Musikvideos
Hoch motivierend wirkt für Schüler auch der Dreh eines eigenen Musikvideos. Dazu müssen sich die Schüler mit einem selbstgeschriebenen oder bekannten Lied auseinandersetzen und überlegen, wie sie es szenisch umsetzen.

Alle oben beschriebenen Möglichkeiten, mit Ausnahme der Dokumentation, verlangen eine ähnliche Vorgehensweise. Sie muss in manchen Fällen lediglich leicht angepasst werden. Nachfolgend beschreibe ich die Grundschritte.

1. Finden und Entwickeln der Story
Am Anfang steht die Idee. Diese muss als Erstes entwickelt werden.

2. Verfassen von Drehbuch und Storyboard
Das Drehbuch für den Spielfilm basiert auf einer bestehenden oder selbstgeschriebenen Geschichte. Auf der formalen Ebene enthält es Szenenelemente wie Angaben zur Zeit und zum Ort des Geschehens, Szenenbeschreibungen, Figurennamen sowie Dialoge. Dadurch erzählt es die Geschichte in einer formalisierten Form, die Format genannt wird. Darin können Sie auch Kamera- und Regieanweisungen geben. Meist erscheinen diese jedoch im Storyboard.
Für Dokumentarfilme werden die verschiedenen Drehorte und geplanten Szenen zusammengestellt und kommentiert. Damit ist die Geschichte noch

Kreative Arbeitsformen

nicht vorgefertigt, sondern erhält erst im Schnitt ihre finale Richtung. Der Schwerpunkt des Drehbuchs liegt also auf Intentionen und Fokussierungen, die beim Dreh beachtet werden müssen.

Ein Storyboard ist eine sequenzielle Bilderfolge, die die Einstellungen des Filmes visualisiert. Anhand des Boards können alle am Film Beteiligten die Intention des Regisseurs in Bezug auf Einstellungsgrößen, Blickwinkel, Perspektiven und manchmal auch Ausleuchtung, Farbigkeit oder Gesamtästhetik besser verstehen.

Sind Drehbuch und Storyboard verfasst, müssen Team, Darsteller, Drehorte festgelegt und die Ausrüstung zusammengestellt werden.

3. Der Dreh
Bevor es losgeht, muss der Drehort vorbereitet werden. Dazu gehören der Aufbau der Requisiten und die Ausleuchtung. Bedenken Sie bei öffentlichem Gelände Störungen von außen durch Passanten oder einen hohen Geräuschpegel von Straßenlärm, anderen Schülern usw. Anschließend müssen die Schauspieler eingekleidet und geschminkt werden. Der Dreh erfordert eine hohe Konzentration von allen Beteiligten, da viele Faktoren voneinander abhängen. Kameraeinstellungen können mehrmals wiederholt werden, bis die Schüler mit dem Aufgenommenen zufrieden sind.

4. Schnitt und Vertonung
Im Anschluss an den Dreh schneiden die Schüler die aufgenommenen Szenen mit Hilfe eines Schnittprogramms zusammen. Zusätzlich können sie noch Musik unterlegen und Szenen nachvertonen.

5. Präsentation
Je aufwändiger die Erstellung des Films und je umfangreicher das Projekt ist, umso größer sollte auch die Präsentation in der Öffentlichkeit sein. Neben der Vorstellung in der Klasse kann der Film auch auf einem Elternabend, im Rahmen eines Schulfestes oder im Schulfernsehen (vgl. Idee 66) vorgeführt werden. Zum Abschluss sollte eine Auswertung mit Reflexion erfolgen.

Tipps

Achten Sie bei der Veröffentlichung (z.B. im Internet aber auch innerhalb der gesamten Schule usw.) auf Vorgaben bezüglich der Bildrechte der Schüler. Wenn Sie sichergehen wollten, sollten Sie schon vor dem Projektstart Einverständniserklärungen der Eltern einholen.

Kreative Arbeitsformen

66 Schulfernsehen

Im Zeitalter der Internet-Medien kann das Schulfernsehen eine gute Ergänzung zur Schülerzeitung sein. Im Schulfernsehen werden aktuelle Ereignisse sowie Informationen veröffentlicht.

Ziele

Ziel ist es, Informationen über die Schule und den alltäglichen Ablauf zu verbreiten.

Vorbereitung

Für die Erstellung der Programmpunkte benötigen Sie eine Videokamera und einen Fotoapparat. Zur Bearbeitung sollte Ihnen ein Computer mit einem Schnittprogramm und einem Grafikprogramm zur Verfügung stehen. Im Eingangsbereich wird ein Fernseher mit den entsprechenden Eingängen installiert, auf dem das Schulfernsehen laufen kann.

So geht's

Die Schüler drehen kurze Filme zu aktuellen Themen (z.B. vom Wandertag, von Projekten usw.). Ein Team schneidet diese zu einem Trailer zusammen und ergänzt sie mit aktuellen Informationen (z.B. Schulfeste, Essensplan der Woche, Schulbuszeiten). Der entstandene Info-Trailer wird auf dem Fernseher im Eingangsbereich in einer Endlosschleife abgespielt. Das Programm muss regelmäßig aktualisiert werden.

Tipps

Wenn der technische Aufwand mit Fernseher und Computer zu hoch ist, kann auch ein digitaler Bilderrahmen oder eine Powerpoint-Präsentation genutzt werden.

Kreative Arbeitsformen

67 Schülerfirma

Im Gegensatz zum Planspiel bieten die Schüler in einer Schülerfirma echte Dienstleistungen an.

Ziele

Mit der Einrichtung einer Schülerfirma werden Verknüpfungen zwischen Schule und Wirklichkeit hergestellt. Auf diese Weise werden ökonomische, ökologische und gesellschaftliche Zusammenhänge hergestellt.

Vorbereitung

Eine Schülerfirma kann im normalen Klassenunterricht, im Wahlpflichtbereich oder als freiwillige Arbeitsgemeinschaft gegründet und betrieben werden. Schülerfirmen sind in fast allen Schulformen denkbar: von Förderschulen, Haupt-, Real- und Gesamtschulen über Gymnasien bis hin zu Berufsbildenden Schulen.

So geht's

Allgemeine Hinweise
Zu Beginn steht eine Geschäftsidee, die im besten Fall die Schüler selbst finden. Die Idee sollte möglichst einfach sein. Hilfreiche Fragen dafür sind: „Was können wir gut?", „Was fehlt bei uns in der Schule oder in unserem Umfeld?", „Was können wir in unseren räumlichen Gegebenheiten leisten?"

Eine Schülerfirma kann sich auf Produkte oder Dienstleistungen konzentrieren. Beispiele für produktorientierte Schülerfirmen wären: Kuchen-/Brötchenverkauf an der Schule, Schulmilchverkauf, Catering, Herstellung von Marmeladen/Ölen/Cremes aus dem Schulgarten, Herstellung von Holzprodukten oder Herstellung von „Giveaways" für örtliche Firmen.

Beispiele für Dienstleistungen wären: Hunde-Ausführ-Dienst, Einkaufsdienst und kleinere Reparaturen für ältere Menschen in der Umgebung, Überspielen von VHS-Kassetten auf DVD, Fahrradwerkstatt oder Autoreinigung.

Rechtliches
Schülerfirmen agieren unter dem Dach der Schule, d.h., zwischen Schulleitung und Schülern wird eine schriftliche Vereinbarung getroffen. Die versicherungstechnischen Bedingungen verhalten sich wie bei einer Klassenfahrt

Kreative Arbeitsformen

oder einem Praktikum. Auch der Förderverein kann als Träger für die Schülerfirma agieren. Der Schülerfirma sollte ein aufsichtsführender Lehrer zugeteilt sein. Bei minderjährigen Teilnehmern müssen die Eltern die Teilnahme schriftlich genehmigen.

Finanzen

Einnahmen und Ausgaben müssen sorgfältig dokumentiert werden. Schülerfirmen als Schulprojekte dürfen einen jährlichen Umsatz von 30.678 Euro nicht übersteigen. Ansonsten wird die Schülerfirma umsatzsteuerpflichtig. Körperschaftssteuern, eventuell auch Gewerbesteuern, würden anfallen, wenn der Gewinn 3.835 Euro übersteigt. Unter dem Dach des Fördervereins zählen die Umsätze aller Schülerfirmen zu den wirtschaftlichen Tätigkeiten des Vereins und müssen entsprechend besteuert werden.

Rolle des Lehrers

Vor dem Projektstart sollten Sie die Möglichkeiten der Durchführbarkeit einer Idee abwägen. Dazu gehört insbesondere auch das Abchecken des zeitlichen Aufwands, der mit der Arbeit der Firma verbunden ist. Stehen Sie in der Durchführungsphase den Schülern beratend zu Seite. Eventuell ist es auch möglich, Eltern oder Personen aus dem Förderverein zur Unterstützung zu gewinnen. Vielleicht bringen sich auch ehemalige Schüler ein.

Tipps

Versuchen Sie, lokale Unternehmen als Kooperationspartner oder Paten zu gewinnen. Sie profitieren vom Fachwissen des Partners, und der Partner findet eventuelle Praktikanten oder Auszubildende.
Mittlerweile gibt es im Internet eine Vielzahl von Anregungen und Unterstützungen für Schülerfirmen. Ein großes Portal finden Sie im Internet unter **www.juniorprojekt.de**. Außerdem gibt es Wettbewerbe und Planspiele, an denen man mit der Schülerfirma oder mit dem Konzept der Schülerfirma teilnehmen kann.

Kreative Arbeitsformen

68 Zukunftswerkstatt

Die Zukunftswerkstatt ist eine von Robert Jungk begründete Methode. Sie basiert darauf, bei sozialen und aktuellen Themen Betroffene zu Wort kommen zu lassen, Bürgerbeteiligung herzustellen und damit Demokratisierungsprozesse zu verstärken.

Ziele

Die Zukunftswerkstatt soll die Fantasie aller Beteiligten anregen, um zu neuen Ideen und Lösungen für ökologische, soziale oder gesellschaftliche Probleme den Anstoß zu geben. Durch die perspektivische Arbeit sollen die Schüler neue Sichtweisen gewinnen und Zugänge zu Lösungen finden, die vorher nicht in Erwägung gezogen wurden.

Vorbereitung

An einer Zukunftswerkstatt sollten nicht mehr als 25 Personen teilnehmen. In Klassen bietet es sich an, zwei Gruppen mit etwa 15 Teilnehmern zu bilden. Die Werkstatt sollte von zwei bis drei Moderatoren geleitet werden. Als Materialien benötigen Sie große Papierbögen, farbige DIN-A4-Blätter, Klebeband sowie dicke Filzstifte oder Wachskreiden.

Eine Zukunftswerkstatt geht meist über mehrere Tage.
Folgende Themen eignen sich für eine Zukunftswerkstatt: Umweltschutz, Zukunft für Kinder, Infrastruktur/Planung des Schulhofes, Ausbau des Flughafens, Arbeitslosigkeit, Schulleben, Europa usw.

So geht's

Die Zukunftswerkstatt gliedert sich in drei Hauptphasen, die von einer Vorbereitungsphase und einer Nachbereitungsphase eingeschlossen werden.

Vorbereitungsphase

In dieser Phase wird das Problem beschrieben und etwaige Hintergründe beleuchtet. Die Gruppe macht sich darüber Gedanken, welche Personenkreise betroffen sind und wen das Thema interessieren könnte. Eventuell können bestimmte Schüler die Rolle einer Betroffenengruppe übernehmen.

Kreative Arbeitsformen

1. Phase: Beschwerde und Kritik

Die Teilnehmer äußern, was ihnen am Thema missfällt und welche Aspekte sie kritisieren. Die Kritikpunkte, Probleme und Konflikte werden auf Blättern in Form einer Wandzeitung festgehalten, aber nicht diskutiert. Nach einer Pause nimmt die Gruppe eine Gewichtung der Probleme vor. Dies kann z.B. durch eine Abstimmung oder durch Punkteabfrage (vgl. Idee 81) geschehen. Die am stärksten gewichteten Probleme werden in der folgenden Fantasiephase behandelt.

2. Phase: Fantasiephase

Die Gruppenmitglieder formulieren nun gemeinsam die ausgewählten Problemkomplexe so um, dass sich positive Zielaussagen ergeben. Schaffen Sie für die folgende Phase eine möglichst spannungsarme und fantasiereiche Umgebung. Um dies zu erreichen, können Spiele und Verfremdungsformen eingesetzt werden, z.B. durch Veränderung des Lichts, den Einsatz meditativer Musik und/oder Videos. Auch eine Verfremdung der Personen durch Schminke ist denkbar.

In der so entstandenen Atmosphäre beginnen die Schüler mit der Lösungssuche. Hier eignen sich Formen wie Brainstorming, aber auch das Zeichnen von Bildern mit ergänzenden Erklärungen.

Die gefundenen Ideen werden anschließend in Zusammenhänge gebracht, und kleine Gruppen von drei bis fünf Personen entwickeln sie weiter. Die Gruppe sollte dabei als Einheit fungieren und keine weiteren Streitgespräche führen, sondern Lösungsansätze entwickeln. Diese präsentieren sie anschließend der Großgruppe. Auf welche Art dies geschieht, ist der Gruppe überlassen.

Die Ergebnisse werden diskutiert und zu „Ideenpaketen" zusammengefasst. Diese werden schließlich bewertet und hinsichtlich ihrer Wünschbarkeit und Innovationskraft geordnet.

3. Phase: Verwirklichungsphase

Nun überprüfen die Schüler die Lösungsversuche auf ihre Vor- und Nachteile. Sie schätzen zudem die Machbarkeit sowie Realisierungschancen ein. Dazu können sie auch Experten einladen. Auf Grund der gefundenen Kriterien ergibt sich eine Rangliste der Lösungen.

Für die ausgewählte Lösung stellen die Schüler nun einen Plan für die Verwirklichung auf, der die Umsetzung der gefundenen Lösungen möglichst anschaulich und exakt darstellt. Welche Präsentationsform dabei gewählt

Kreative Arbeitsformen

wird, bleibt der Gruppe überlassen. Es ist möglich, die Ergebnisse sowohl in einem Rollenspiel darzustellen als auch mit Hilfe einer Wandzeitung oder einem Poster.

Nachbereitungsphase
Alle Produkte, die während der Zukunftswerkstatt entstanden sind, werden vorgestellt. Die gesamte Arbeit wird reflektiert, indem die Schüler ihre Erfahrungen, ihr Vorgehen und ihre Empfindungen austauschen. Die Zukunftswerkstatt wird mit einer Feedbackrunde abgeschlossen.

Tipps

Vermeiden Sie Phrasen wie „Das geht doch sowieso nicht!" oder „Das ist doch unmöglich!" – Die Schüler dürfen und sollen fantasieren!

Besonders motivierend ist eine realistische Werkstatt, die z.B. die Umgestaltung der Schule/des Schulhofs, den Tagesablauf oder die Pausenplanung und -gestaltung betrifft.

69 Das Supertalent/Die Klasse hat den Superstar

Ich bin der Meinung, dass in jedem Menschen ein Superstar steckt. – Zumindest für alle Klassen, in denen ich bis jetzt Klassenlehrerin war, kann ich dieses bestätigen. Es ist für mich immer wieder faszinierend, welche Talente, die nicht unbedingt „schulrelevant" sind, in Schülern stecken. Wie kann man herausfinden, dass der Schüler, der ansonsten häufig durch sein destruktives Verhalten auffällt, ein supercooler Breakdancer ist? Dafür wurde der Slogan aus der bekannten Fernsehreihe „Deutschland sucht den Superstar" in „Die Klasse hat den Superstar" abgewandelt.

Ziele

Jeder Schüler führt etwas vor, was er besonders gut kann. Dadurch nehmen sich die Schüler in ihrer Unterschiedlichkeit wahr und lernen ihre Stärken kennen. Gleichzeitig üben sie, etwas vor anderen zu präsentieren.

Vorbereitung

Je nachdem, in welcher Klassenstufe und auf welchem Niveau Sie die Idee durchführen wollen, muss die Veranstaltung rechtzeitig angekündigt werden,

Kreative Arbeitsformen

damit die Schüler sich vorbereiten und für ihre Performance üben können. In einem festgelegten Zeitraum tragen sich die Schüler unter Nennung ihres Beitrags und der Dinge, die sie dafür benötigen, in eine ausgehängte Liste ein. Zugelassen werden alle Beiträge, die durchführbar sind. Je bunter die Beiträge sind, desto abwechslungsreicher wird das Programm.

So geht's

Mit Hilfe der Beitragsliste wird das Programm erstellt. Achten Sie darauf, dass die Beiträge abwechslungsreich angeordnet werden. Außerdem sollten erwartungsgemäß schwächere Beiträge an den Anfang gestellt werden, da zu diesem Zeitpunkt die Konzentration der Vorführenden und auch des Publikums noch größer ist. Zudem wird so ein Spannungsbogen aufgebaut. Der Ablauf gleicht dem einer normalen Aufführung. Damit er reibungslos klappt, sollten die Schüler wissen, wann sie an der Reihe sind. Dies gilt insbesondere für Schüler, die sich vorbereiten oder umziehen müssen.
Im Anschluss an die Veranstaltung kann eine Reflexion stattfinden, in der noch einmal gewürdigt wird, welche Beiträge den Schülern besonders gefallen haben und warum.

Tipps

Die Idee ist auf Klassen- oder auf Schulebene durchführbar. Sie können sie auch als Wettbewerb einsetzen. Allerdings sollten Sie darauf achten, dass keine peinlichen oder niveaulosen Vorführungen zugelassen werden.

Ich habe diesen Talentwettbewerb regelmäßig mit meiner jahrgangsübergreifenden 1./2. Klasse zur Klassenweihnachtsfeier durchgeführt. Für die Aufführung selbst teilte ich die Beiträge in fünf Blöcke mit je ca. fünf Beiträgen.

Sehr gut eignet sich die Idee auch für ein gemeinsames Kennenlernfest neuer Klassen. Diese Variante hat den Vorteil, dass die Eltern zuschauen können. Auch ein bunter Abend auf einer Klassenfahrt kann so genutzt werden.

Kreative Arbeitsformen

70 Diakonie-Projekt

Das Johann-Sebastian-Bach-Gymnasium Mannheim (im Internet unter www.bach-gymnasium.de) führt als offene Unterrichtsform ein Diakonie-Projekt durch. Auch wenn die Methode sehr speziell ist, möchte ich sie hier dennoch vorstellen, da sie modifizierbar ist.

Ziele

Durch reale diakonische Situationen werden die Schüler für den Umgang mit anderen Menschen sensibilisiert. Neben Sach- und Methodenkompetenzen erlangen sie hohe soziale Kompetenzen. Durch die Authentizität ist das Lernen besonders emotional und nachhaltig.

Vorbereitung

Die Durchführung eignet sich insbesondere für den Sozialkunde-, Ethik- oder Religionsunterricht. Nehmen Sie Kontakt zu einer Einrichtung oder einem Verband der Diakonie oder Wohlfahrt, zu einem örtlichen Altersheim oder einer anderen sozialen Einrichtung auf. Es ist vorteilhaft, wenn es einen festen Ansprechpartner gibt, der die Schüler begleitet und in Grundlagen einführt.

So geht's

Im vorliegenden Beispiel wurde in der 8. Klasse die zweite Religionsstunde so umgestaltet, dass die Jugendlichen für vier Wochen drei Stunden am Nachmittag in den Themenbereich der Diakonie eingeführt wurden. Die Schüler lernten dabei unterschiedliche Einrichtungen kennen: In einem Altersheim unterhielten sie die Bewohner mit Singen, Gedichten und Selbstgebasteltem. In einer anderen Einrichtung lernten sie mehrfach behinderte Kinder und Jugendliche kennen, und in den Werkstätten für behinderte Menschen erwarben sie erste Erfahrungen mit deren Arbeitswelt. Am Ende des Projektes folgte eine umfassende Reflexion.

Tipps

Diese Idee braucht eine gute Vorbereitung. Für Grundschüler ist eine Kooperation mit einem Altersheim denkbar, in dem die Kinder sich regelmäßig treffen und mit den Bewohnern Brettspiele spielen oder singen.

Gemeinsamer Austausch und Diskussionen

Ideen 71–85

> Da in geöffnetem oder offenem Unterricht sehr individuell gearbeitet wird, ist es wichtig, immer wieder Phasen einzubauen, die den Austausch fördern und Diskussionen anregen. Die folgenden Ideen sollen dabei helfen.

71 Schreibkonferenz

Der Begriff der Schreibkonferenz taucht in der Grundschuldidaktik erstmals Anfang der 1980er-Jahre in England bei Donald H. Graves auf. Im deutschsprachigen Raum wurde das Konzept insbesondere von Gudrun Spitta (1992) aufgenommen und weiterentwickelt.

Ziele

Die Schreibkonferenz soll das Freie Schreiben fördern, wobei Mitschüler beratend zur Seite stehen. Sie bietet eine Alternative zum traditionellen Aufsatzunterricht. Der erste Entwurf eines Textes wird von Mitschülern überarbeitet und verbessert. Schriftsprachliche Kompetenzen werden weiterentwickelt.

Vorbereitung

Ein Schüler sucht sich für die Schreibkonferenz zwei bis drei Mitschüler seiner Wahl. Die Gruppe benötigt dazu eine ruhige Umgebung.

So geht's

Zuerst liest der Schüler seinen Text vor. Anschließend äußern sich die Mitschüler spontan, indem sie Fragen stellen oder auf Unklarheiten hinweisen. Der Verfasser vermerkt sich im Text, wo er Veränderungen oder Ergänzungen vornehmen muss. Danach geht die Gruppe den Text noch einmal mit Blick auf sprachliche und inhaltliche Aspekte durch. Auch die Orthografie wird abschließend überprüft. Anschließend überarbeitet der Verfasser seinen Text.

Gemeinsamer Austausch und Diskussionen

✏ Tipps

Statt spontaner Äußerungen kann auch ein Kriterienkatalog verwendet werden. Diesen können entweder die Schüler selbst erarbeiten, oder Sie geben ihn vor. Mögliche Fragen wären: Habe ich alle Teile des Textes verstanden? Ist die Handlungsfolge logisch? Ist der Text „rund" mit Hinführung, Höhepunkt, Abschluss?

Schreibkonferenzen sind zurzeit besonders im Bereich der Grundschule verbreitet. Sie eignen sich aber genauso gut für den Oberschulbereich. Auch auf professioneller Ebene, z.B. bei Autoren, sind Schreibkonferenzen üblich.

72 Rechenkonferenz

Anders als bei einer Schreibkonferenz, bei der ein Gruppenmitglied sein Werk vorstellt und überarbeitet (vgl. Idee 71), tauschen sich bei einer Rechenkonferenz alle Schüler über ihre Lösungswege aus.

👑 Ziele

Ziel ist die Beschäftigung mit einem mathematischen Problem sowie dessen Verständnis und Lösung. Die Schüler üben, das eigene Handeln mündlich und schriftlich zu begründen und zu beschreiben. Dadurch erwerben sie zusätzliche Kompetenzen im sozialen Bereich.

👓 Vorbereitung

Geben Sie einen möglichst offenen Impuls. Einige Beispiele dazu finden Sie unter den Ideen 35–50.

🎯 So geht's

Geben Sie als Impuls eine Aufgabenstellung vor, die die Schüler auf unterschiedliche Art und Weise angehen können. Nachdem sie sich mit der Lösung beschäftigt haben, kommen sie in kleinen Gruppen zusammen, tauschen ihre Lösungsansätze aus und diskutieren diese. Abschließend werden die Ergebnisse im Kreis vorgestellt, Lösungswege verifiziert und ggf. Verallgemeinerungen oder Gesetze formuliert.

Gemeinsamer Austausch und Diskussionen

Tipps

Rechenkonferenzen müssen nicht gleichzeitig von der ganzen Klasse abgehalten werden. Es ist denkbar, dass sich einige Schüler, die sich gerade mit einem Phänomen beschäftigen, zu einer Rechenkonferenz zusammenfinden.

Bearbeitet die gesamte Klasse ein Thema, können leistungsschwächere Schüler schnell das Gefühl haben, dass sie zu langsam sind oder sowieso kein Ergebnis finden. Die höchste Form der Unterrichtsöffnung ist es deshalb, Rechenkonferenzen nebenbei in den Unterricht einfließen zu lassen.

Einer Rechenkonferenz sollten, ähnlich einer Schreibkonferenz, nicht mehr als fünf Schüler beiwohnen.

73 Gruppen-Experten-Puzzle

Das Gruppen-Experten-Puzzle ist eine besondere Form der Gruppenarbeit. Bei dieser Methode sind die Schüler sowohl Lernende als auch Lehrende. Jeder Schüler ist Experte für einen eigenen Teil des Gruppenthemas. Beim „Zusammensetzen" der einzelnen Teile entsteht das Gesamtbild.

Ziele

Ziel ist die Wissensaneignung in einem bestimmten Themenfeld. Außerdem üben die Schüler das Erklären und Präsentieren von Ergebnissen.

Vorbereitung

Besonders wenn die Schüler mit dieser Form noch nicht vertraut sind, stellt die Vorbereitung den arbeits- und zeitintensivsten Teil für Sie dar. Sie müssen ggf. die Themen auswählen und geeignete Materialien für die Erarbeitung zusammenstellen. Zu Beginn der Arbeit müssen Gruppen gebildet werden. Dies kann entweder durch die Schüler selbst oder mit Hilfe eines Losverfahrens geschehen.

So geht's

Nach der Gruppenbildung befassen sich alle gemeinsam mit dem (entweder selbstgewählten oder vorgegebenen) Thema. Dabei wird berücksichtigt, welches Vorwissen vorhanden ist, welche Aspekte des Themas wichtig sind

Gemeinsamer Austausch und Diskussionen

und wer welche Teilbereiche übernimmt. Anschließend bearbeiten die Schüler ihren Teilbereich in Einzelarbeit. Danach kommen alle, die sich mit dem gleichen Thema beschäftigt haben, zusammen und tauschten sich über die erarbeiteten Aspekte aus. Dadurch wird sichergestellt, dass die Experten ihr Fachgebiet verstanden haben. Jetzt gehen die Schüler zurück in ihre Einzelgruppen. Dort erklären sie den anderen Schülern ihre Ergebnisse. Sie werden dadurch vom Lernenden zum Lehrenden. Somit sind am Schluss alle Schüler über das gesamte Thema informiert.

Step-by-Step-Anleitung
1. Bildung der Gruppe (Beispiel: Thema Afrika)
   a) Austausch in der Gruppe über bekannte Aspekte, Vorlieben der Bearbeitung
   b) Verteilung der Unterthemen (z.B. Tiere in Afrika, Lebensart, afrikanische Musik, …)
2. (Einzel-)Arbeit an den Unterthemen
3. Austausch mit Personen aus anderen Gruppen, die das gleiche Unterthema bearbeitet haben
4. Austausch über die verschiedenen Unterthemen und Erarbeitung der Präsentation des Gesamtthemas
5. Präsentation des Gesamtthemas

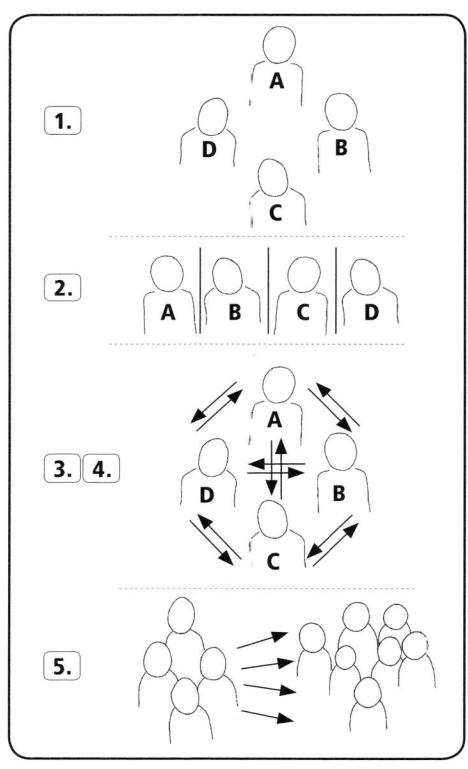

Tipps

Die Gruppen sollten aus nicht mehr als fünf Schülern bestehen. Außerdem sollte den Schülern klar sein, dass sie der einzige Experte zu ihrem Thementeil sind, d.h., dass Mitschüler einen Nachteil haben, wenn sie selbst nicht sorgfältig arbeiten.

Gemeinsamer Austausch und Diskussionen

74 Partnerpuzzle

Das Partnerpuzzle ähnelt dem Gruppenpuzzle. Ein großes Thema wird aufgeteilt und zum Schluss wieder zusammengefügt.

Ziele

Die Schüler konzentrieren sich auf ihren Teil des Themas. Dadurch wird der Lernstoff eingegrenzt und überschaubar. Anschließend wechseln die Schüler von der Lern- in die Lehrrolle, wodurch sie selbsterarbeitete Inhalte festigen und mit neuen Inhalten, die ihnen von Mitschülern erklärt werden, verknüpfen.

Vorbereitung

Suchen Sie nach einem Thema, das sich gut in zwei Teilaspekte gliedern lässt, z.B. der Vergleich zweier verschiedener Zeitungsartikel zu einem Ereignis. Es ist ratsam, vorher einige Leitfragen zu besprechen, damit die Teile bei der Zusammenführung besser aufeinander abgestimmt sind.

So geht's

Der methodische Ablauf des Gruppenpuzzles teilt sich in drei Schritte:

1. Einzelarbeit: Erarbeitung des Unterthemas
Die Unterthemen werden an die Schüler verteilt, sodass an jedem Unterthema gleich viele Schüler arbeiten. Dann bearbeiten die Schüler ihr Unterthema.

2. Partnerarbeit: Austausch über das Unterthema
Nach einer festgelegten Zeitspanne sucht sich jeder Schüler einen Partner mit dem gleichen Unterthema, um sich gegenseitig die Ergebnisse vorzutragen, sich zu ergänzen und offene Fragen zu klären.

3. Partnerwechsel: Zusammenführung der Themen
Nach einer weiteren vorgegebenen Zeitspanne wechseln die Schüler ihren Partner. Nun sucht sich jeder einen neuen Partner, der aber dieses Mal das andere Unterthema bearbeitet hat. Da die Themen für den jeweils anderen unbekannt sind, wird zuerst das erste Thema vorgestellt, während sich der Partner Notizen macht und Nachfragen stellt. Danach werden die Rollen getauscht. Abschließend werden die Themenbereiche zusammengeführt und ggf. ergänzt. Am Ende der Einheit sollte eine Präsentation des Gesamtthemas stehen.

Gemeinsamer Austausch und Diskussionen

🖉 Tipps

Mit Hilfe von Gruppentischen ist es möglich, die Partnerwahl gleich festzulegen: Erst arbeiten Schüler, die sich gegenübersitzen und das gleiche Unterthema haben, miteinander, danach wird mit dem Tischnachbarn, der das andere Unterthema hatte, zusammengearbeitet.

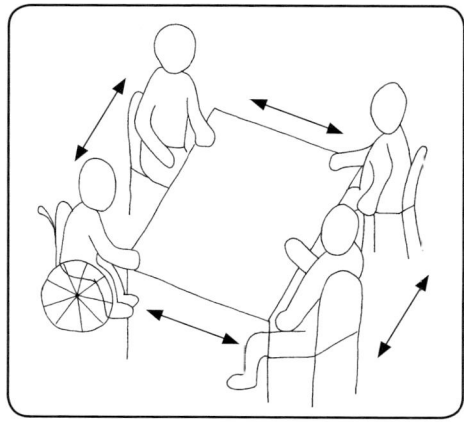

75 Lerntempo-Duett

Im Lerntempo-Duett können die Schüler in ihrem Tempo arbeiten. Einzelarbeitsphasen und Partnerarbeit (Duett) wechseln sich ab.

👑 Ziele

Ziel ist entweder die einzelne Erarbeitung und anschließende Diskussion eines Themas oder das einzelne Bearbeiten und die anschließende partnerschaftliche Kontrolle von (Übungs-)Aufgaben. Durch die Leistungsdifferenzierung innerhalb des Lerntempo-Duetts steigt bei der gegenseitigen Kontrolle der Ehrgeiz, ordentlich, aber zügig zu arbeiten.

👓 Vorbereitung

Markieren Sie im Klassenraum einen Anlaufpunkt für die Duette.

🎯 So geht's

Zu Beginn arbeitet die gesamte Klasse in Einzelarbeit an den gleichen Aufgaben. Ist ein Schüler an einem vorher festgelegten Punkt angekommen, geht er zu einem markierten Platz im Klassenraum und wartet auf einen zweiten Schüler, der denselben Aufgabenteil beendet hat. Nun sucht sich das Duett einen Platz im Klassenraum, an dem es die Aufgaben vergleichen oder diskutieren kann. Sind die Schüler damit fertig, gehen sie wieder auf ihre Plätze zurück, um den nächsten Aufgabenschritt zu erledigen.

Gemeinsamer Austausch und Diskussionen

✏ Tipps

Achten Sie darauf, dass die Schüler das Beenden ihrer Aufgaben nicht aufeinander abstimmen oder unfertig bestimmte Aufgaben vergleichen und ergänzen.

Die Organisation fällt leichter, wenn im Klassenraum einige Extraplätze oder sogar ein weiterer Raum vorhanden sind.

76 Fish-Bowl

Fish-Bowl ist eine Methode zum Austausch und zur Diskussion. Der Name leitet sich von der Sitzordnung ab: Die Redenden sitzen wie in einem Goldfischglas im Innenkreis und sind von den Zuhörern umgeben.

👑 Ziele

Die Schüler üben sich, Standpunkte zu vertreten und spontan auf Argumente zu reagieren.

🔍 Vorbereitung

Sie können die Methode sowohl am Anfang einer Unterrichtseinheit als Brainstorming oder erste Meinungsäußerung als auch am Schluss einer Unterrichtseinheit als Abschlussdiskussion nutzen. Das Thema sollte konfliktreich sein und unterschiedliche Meinungen mit verschiedenen Argumentationen herausfordern.

In einen Stuhlkreis werden drei Stühle als Innenkreis gestellt. Auf jeden der Stühle setzt sich ein Schüler. Der Rest nimmt im Außenkreis Platz.

🎯 So geht's

Die im Innenkreis sitzenden Schüler beginnen eine Diskussion zum Thema. Ist ein zuhörender Schüler aus dem Außenkreis komplett anderer Meinung oder möchte ein dringendes Argument einbringen, geht er zu einem der Diskutierenden und klopft ihm auf die Schulter.

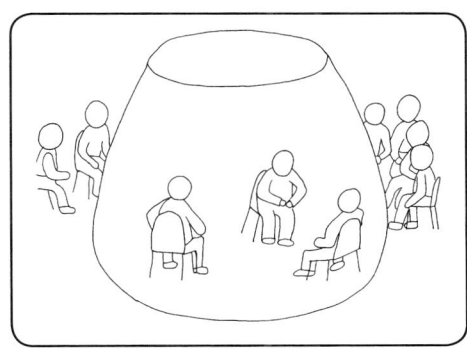

Gemeinsamer Austausch und Diskussionen

Dies signalisiert dem Redner, dass er den Stuhl für den Anklopfenden freimachen und sich in den Zuhörerkreis setzen muss. Der Anklopfer steigt damit in die Diskussion ein. Die Diskutierenden können jederzeit von Zuhörern abgelöst werden. Außerdem darf jeder Teilnehmer den Diskussionskreis jederzeit verlassen und einen Stuhl freimachen. Der freie Stuhl kann, muss aber nicht besetzt werden. Im Außenkreis darf nicht diskutiert werden.

Tipps

Bei Bedarf kann im Innenkreis ein fester Platz für einen Moderator eingerichtet werden.
Es gibt eine Variante des Fish-Bowls, bei der die Redner festgelegt sind und permanent im Kreis bleiben. Auf einem leeren Stuhl im Innenkreis können Zuhörer Platz nehmen und Fragen stellen oder Meinungen äußern. Nach der Äußerung wechseln sie wieder in den Zuhörerkreis.

77 Kugellager (Rotierendes Partnergespräch/ Karussellgespräch)

Das Kugellager bietet einen Austausch mit zufälligen Partnern. Es kann als Einführung, vertiefendes Gespräch oder Diskussionsphase genutzt werden.

Ziele

Ziel ist die Erweiterung der kommunikativen Kompetenzen. Die Hemmschwelle beim Kugellager ist sehr niedrig, da die Meinung nicht vor der Klasse, sondern im 1:1-Gespräch ausgetauscht wird.

Vorbereitung

Die Schüler stehen oder sitzen mit den Gesichtern zugewandt in einem doppelten Kreis gegenüber, sodass jeder einen Partner ansieht. Ein Gesprächsleiter achtet auf die vorher festgelegten Zeitspannen für die Gespräche und gibt nach Ablauf ein akustisches Signal.

Gemeinsamer Austausch und Diskussionen

So geht's

Nach Bekanntgabe des Themas tauschen sich die jeweils zugewandten Partner aus. Zuerst spricht die Person im Innenkreis, und die andere Person hört zu. Anschließend fasst der Zuhörer kurz das Gesagte zusammen. Dann berichtet er aus seiner Sicht. Bei Ertönen des Signals rotiert das Kugellager: Beide Kreise bewegen sich – aus Sicht der jeweiligen Person – einen Platz nach links. Dadurch entfernen sich die Gesprächspartner. Das Gespräch beginnt nach einer kurzen Begrüßung mit dem neuen Partner. Je nach Thema wird dieses Prinzip mehrfach wiederholt. Auf diese Weise finden in relativ kurzer Zeit Gespräche mit mehreren unterschiedlichen, zufälligen Partnern statt.

Tipps

Für das Kugellager eignen sich insbesondere Themen, bei denen zu erwarten ist, dass die Schüler unterschiedliche Meinungen haben. Beispielsweise könnte der Nutzen von Atomkraftwerken, der Führerschein mit 16 oder die Einführung von Schulkleidung diskutiert werden. Ebenfalls geeignet sind die Beispiele in den weiteren Ideen dieses Kapitels. Auch offene Themenansätze, wie „Familie bedeutet für mich …", „Unter Freundschaft verstehe ich …" oder „Was ist dir für deine Zukunft wichtig?", bieten eine gute Diskussionsgrundlage. Diese Methode eignet sich außerdem sehr gut zum Kennenlernen, z.B. bei einem Elternabend, wenn die Personen über sich selbst erzählen.

Sollten Sie Befürchtungen haben, dass es Paare gibt, die sich nicht über den vorgegebenen Gesprächsstoff unterhalten, dann bedenken Sie, dass es wenig Möglichkeiten gibt, in denen sich so viele Schüler gleichzeitig über ein Thema austauschen – auch im Lehrgangsunterricht werden Sie niemals die Aufmerksamkeit aller Schüler innehaben!

78 Platzdeckchen (Placemat)

Die Idee stammt aus dem kooperativen Lernen und kann in Gruppenarbeiten angewandt werden. Der Vorteil ist, dass die Meinung oder der Lösungsansatz eines jeden Schülers berücksichtigt wird.

Ziele

Die Schüler sollen innerhalb einer Kleingruppe ihre Meinungen oder Lösungsansätze zu einer Aufgabenstellung äußern und diskutieren. Neben

Gemeinsamer Austausch und Diskussionen

fachlichen Kompetenzen erweitern die Schüler durch die Diskussion in der Gruppe ihre sozialen Kompetenzen. Durch das verpflichtende Aufschreiben zum Arbeitsbeginn werden auch zurückhaltendere Schüler angeregt, ihre Meinung oder ihren Lösungsansatz beizusteuern.

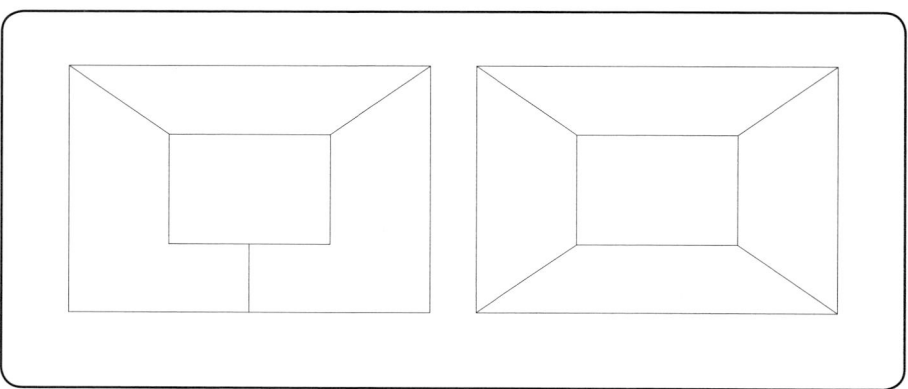

ᨆ Vorbereitung

Jede Gruppe erhält ein Plakat, das je nach Gruppengröße in vier oder fünf Felder geteilt ist (vgl. Abbildung). Jeder Schüler benötigt einen dicken Stift, der sich farblich von denen der anderen Gruppenmitglieder unterscheidet.

ᨆ So geht's

Die Schüler finden sich in 3er- oder 4er-Gruppen zusammen und erhalten pro Gruppe ein Plakat und pro Person einen dicken, farbigen Stift. Anschließend erläutern Sie die Aufgabenstellung, die sich in drei Schritte gliedert:

1. Nachdenken und Schreiben (Think): Jeder Schüler schreibt in das vor ihm befindliche Feld des Plakats seinen Lösungsansatz oder seine Meinung zur Aufgabe.
2. Vergleichen (Compare): Die verschiedenen Ansätze werden gesichtet und diskutiert. (Variante: Stummes Vergleichen. Die verschiedenen Ansätze werden ohne Worte gesichtet. Nur bei Verständnisproblemen werden Nachfragen gestellt.)
3. Konsens finden und mit der Klasse teilen (Share): Aus den Ansätzen bildet die Gruppe einen Konsens, der in die Mitte des Plakates geschrieben wird. Abschließend werden die Ergebnisse im Plenum vorgestellt.

Gemeinsamer Austausch und Diskussionen

✏ Tipps

Die Aufgabenstellungen sollten möglichst offen sein, z.B.:
- Was bedeutet für dich der 1. Artikel des Grundgesetzes?
- Welche Eigenschaften sollte ein Lehrer/Klassensprecher/guter Freund/ Politiker ... haben?
- Wie können Personen mit Migrationshintergrund/Handicaps besser integriert werden? Überlegt euch, wie euer Umfeld verändert werden könnte.
- Wie kann der Schulhof schöner und attraktiver gestaltet werden?

Auch das Finden eines mathematischen Lösungsweges oder die Erarbeitung eines Textes sind mit dieser Methode möglich.

79 Finde einen Wissenden (Find someone who knows)

Bei dieser Methode erfahren die Schüler, dass ihr Teilwissen zum Ganzen beiträgt. Außerdem ist es dabei wichtig, einander aufmerksam zuzuhören.

👑 Ziele

Die Schüler lernen von- und miteinander, indem sie sich gegenseitig unterstützen und ihr Wissen zur Verfügung stellen. Das aufmerksame Zuhören und Wiedergeben von Sachverhalten wird geschult.

👓 Vorbereitung

Verteilen Sie an jeden Schüler ein vorbereitetes Arbeitsblatt mit verschiedenen Fragen.

🎯 So geht's

Die Schüler gehen durch den Klassenraum und suchen einen Mitschüler, der ihnen eine Frage beantwortet. Haben sie einen Schüler gefunden, müssen sie aufmerksam zuhören und die Antwort in Stichpunkten auf ihrem Arbeitsblatt vermerken. Darunter setzt der erklärende Schüler seine Unterschrift. Nun verfügt der fragende Schüler auch über das Wissen und kann es, wenn er gefragt wird, an einen anderen Schüler weitergeben. Da sie nun selbst die

Gemeinsamer Austausch und Diskussionen

neuen Inhalte weitergeben, ist es wichtig, dass die Schüler gut zuhören, damit sich keine Fehler einschleichen. Abschließend wird die Methode ausgewertet und verglichen, ob alle Fragen beantwortet werden konnten.

Tipps

Die Idee kann dahingehend abgewandelt werden, dass nicht Wissen, sondern die soziale Komponente im Mittelpunkt steht. Die Übung eignet sich besonders, um das aktive, aufmerksame Zuhören zu schulen und das Klassenklima durch die Verbreitung positiver Botschaften zu fördern.

Dazu erhält jeder Schüler ein weißes Blatt Papier, das so gefaltet wird, dass acht Kästchen entstehen. Nun wird ein Oberthema festgelegt (z.B. worüber ich dankbar bin, was mir an der Klasse gefällt, mein spannendstes Erlebnis). Jeder Schüler schreibt ein Stichwort zu seiner Antwort in eines der Kästchen. Anschließend gehen die Schüler durch den Raum zu einem Mitschüler. Sie lassen sich dessen Gedanken erzählen, hören aufmerksam zu und schreiben abschließend ein passendes Stichwort und den Namen des Schülers, von dem der Gedanke stammt, in eines der acht Kästchen. Danach wird der Zuhörer zum Erzähler. In der nächsten Runde wählt jeder Schüler einen neuen Partner. Dieser schaut sich die Stichwörter auf dem Blatt des anderen an und wählt eines aus, zu dem der Gegenüber ihm den Gedanken erzählen soll. Es wird also nicht nur der eigene Gedanke wiedergegeben. Danach werden die Rollen wieder getauscht. Die Aktion dauert so lange, bis alle acht Kästchen gefüllt sind. Zum Schluss hat jeder Schüler ein Blatt Papier mit positiven Erlebnissen/Gedanken von Mitschülern.

Die Idee ist auch für Lehrer motivierend und eignet sich für eine Lehrerkonferenz oder den Rückblick auf das Schuljahr.

80 Verschicke eine Aufgabe

Bei dieser Idee geht es darum, auf möglichst unterschiedliches Wissen von verschiedenen Schülern zurückzugreifen.

Ziele

Durch die Beteiligung möglichst vieler Schüler an einer Aufgabe oder einem Problem werden bewusst verschiedene Lösungsansätze zusammengetragen

Gemeinsamer Austausch und Diskussionen

und in ein optimales Ergebnis zusammengeführt. Durch die Kooperation der Schüler werden neben Sachkenntnissen methodische Komponenten geschult.

👓 Vorbereitung

Ähnlich wie in Idee 78 wird ein Blatt Papier in fünf Felder aufgeteilt. Allerdings wird im oberen Bereich des Blatts Platz für die Aufgabenstellung gelassen.

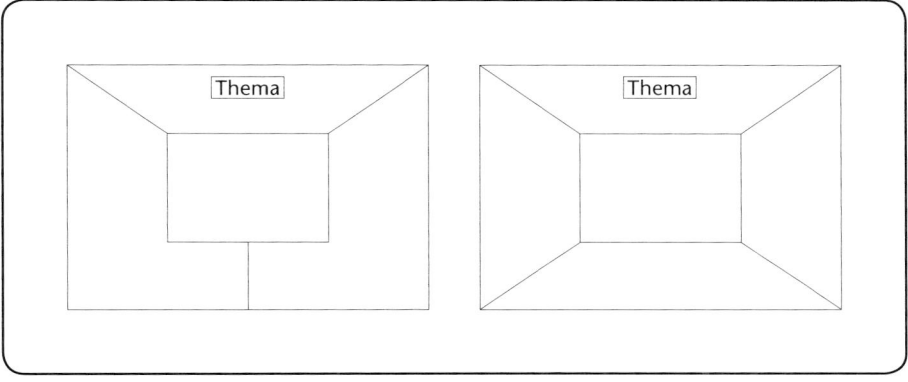

🎯 So geht's

Die Schüler finden sich in Gruppen mit etwa vier Personen zusammen. Jede Gruppe formuliert eine Frage oder eine Problemsituation zu einem festgelegten Thema und schreibt diese auf das Blatt Papier in den dafür vorgesehenen Bereich. Dann gibt sie die Blätter an die nächste Gruppe weiter. Diese versucht nun, die Aufgabe oder das Problem in einem freien Feld des Blatts zu lösen oder potenzielle Bearbeitungsmöglichkeiten zu entwickeln. Anschließend wird das Blatt an eine weitere Gruppe gegeben, die genauso verfährt. Diese Vorgehensweise wird mehrfach wiederholt.
Haben sich alle Gruppen mit einem Problem beschäftigt, ist die vorgegebene Zeit abgelaufen oder das Blatt gefüllt, wird es zur Ursprungsgruppe zurückgegeben. Diese sichtet die Gruppenbeiträge, reflektiert die Lösungsvorschläge und entwickelt in der Blattmitte die optimale Lösung. Das Ergebnis wird der gesamten Klasse präsentiert und zur Verfügung gestellt.

Die Idee könnte beispielsweise zu Beginn einer Unterrichtseinheit genutzt werden: Die Schüler schreiben jeweils eine Frage auf, die sie bezüglich des Themas interessiert. Anschließend versuchen die anderen, die Frage zu beantworten. Auch am Ende einer Einheit kann die Idee eingesetzt werden:

Gemeinsamer Austausch und Diskussionen

Die Schüler schreiben verbliebene Fragen oder Aspekte, die ihnen unklar sind, auf. Für die Durchführung eignen sich alle Themengebiete.

In offenem Unterricht kann auf die gelenkte Gruppenbildung verzichtet werden. Schüler, die sich mit einem bestimmten Problem befassen, das sie nicht lösen können, schreiben dieses selbstständig auf ein wie oben gestaltetes Blatt und bitten andere Schüler um Mithilfe und Ideen.

✏ Tipps

Die Idee kann auch dazu genutzt werden, Assoziationen zu einem Thema zu sammeln. Statt einer Frage oder Aufgabe wird stattdessen ein Thema oder Gedanke eingetragen, zu dem sich die Gruppen äußern. Auch das Ende einer Geschichte oder verschiedene Problemlösungen können auf diese Weise ermittelt werden.

Punkteabfrage

Die Punkteabfrage ist eine schnelle Methode, um ein Meinungsbild zu erhalten oder über etwas abzustimmen.

👑 Ziele

Mit der Punkteabfrage wird die Meinung aller Schüler abgefragt, ohne dass diese sich dafür rechtfertigen oder ihre Meinung begründen müssen. Dadurch entsteht ein geschützter Rahmen. Gleichzeitig wird durch die Bewegung der Schüler der Unterricht aufgelockert.

👓 Vorbereitung

Sie benötigen lediglich Klebepunkte. Wenn an der Tafel gearbeitet wird, können die Schüler auch Kreidepunkte anmalen.

🎯 So geht's

Auf einem Plakat oder an der Tafel stehen mehrere Aussagen oder Inhalte zur Auswahl. Die Schüler kleben unter den für sie zutreffenden Inhalt ihren Klebepunkt. Die Idee kann variiert werden, indem die Schüler mehrere Klebepunkte erhalten. Auf diese Weise können sie unterschiedlichen Inhalten

Gemeinsamer Austausch und Diskussionen

zustimmen oder mehrere Punkte für dieselbe Aussage nutzen. Dadurch entsteht eine Rangfolge. Diese Variante können Sie nutzen, wenn z.B. für ein Ausflugsziel oder ein Lesebuch abgestimmt werden soll.

Eine weitere Variante verfeinert die Stellungnahme: Hierbei wird den Aussagen oder Inhalten ein Raster mit den Wahlmöglichkeiten zugeordnet, wie z.B. stimme zu, stimme teilweise zu, stimme nicht zu (oder gut, mittel, schlecht usw.).

Tipps

Um die Anonymität zu gewährleisten, können Sie das Plakat verdeckt aufhängen oder die Tafel aufklappen. Die Schüler erhalten eine Zeitspanne (z.B. einen Tag), in der sie ihren Punkt oder ihre Punkte aufkleben können.

 Stille Diskussion

Von Zeit zu Zeit hören wir bissige Kommentare, wie „da war der Mund wieder schneller als der Kopf" usw. Diese Idee hilft, besonders schnelle Redner zu bremsen und eher zurückhaltende Redner zur Kommunikation anzuregen.

Ziele

In der stillen Diskussion sollen die Schüler lernen, sich zurückzunehmen und Standpunkte nonverbal zu äußern.

Vorbereitung

Legen Sie in die Mitte der Gruppe ein großes Blatt Papier oder ein Plakat.

So geht's

Ein erster Schüler beginnt, Informationen oder eine Aussage zum Thema auf das Blatt Papier zu schreiben. Die anderen Schüler können diese ergänzen oder schriftlich Fragen stellen. Das Plakat kann auch in Form einer Mind-Map (vgl. Idee 18) oder eines Diagramms gestaltet werden. Als Alternative kann eine (provokante) Aussage bereits auf dem Blatt stehen, die die Schüler kommentieren oder diskutieren sollen. Beispielsweise können die Schüler das Ende oder die Pointe eines Buches finden.

Gemeinsamer Austausch und Diskussionen

Auch die folgenden Aussagen und Fragen eignen sich gut
als Diskussionsansätze:

... Sollte es ein Wahlrecht mit 16 geben?
... Für bestimmte Straftaten sollte die Todesstrafe eingeführt werden.
... Mädchen sind fleißiger als Jungen.
... Wer beim Kiffen erwischt wird, wird sofort von der Schule verwiesen.
... Sollte es in Deutschland einen König geben?

Die Sammlung von Vorwissen ist ebenfalls mit Hilfe einer stillen Diskussion möglich. Fragen Sie dabei: „Was wisst ihr über …?" Die Schüler schreiben wortlos ihre Vorkenntnisse auf. Zum Schluss werden die Aussagen gesammelt und ggf. besprochen oder ergänzt.

Tipps

Ähnlich wie bei den anderen Gruppenarbeiten sollte die Gruppengröße bei nicht mehr als fünf Personen liegen, damit jeder an das Blatt Papier kommt und sich alle an der Diskussion beteiligen können.

83 Pro-und-Kontra-Debatte

Die Pro-und-Kontra-Debatte ist ein zeitlich befristetes Streitgespräch zur Erschließung eines konfliktreichen Themas.

Ziele

In der Debatte geht es darum, unterschiedliche Positionen klar herauszuarbeiten, gegensätzliche Meinungen zu äußern, zu vertreten und zu begründen, sie vergleichend gegenüberzustellen und durch eine Abstimmung eine formale Entscheidung herbeizuführen. Dabei sollen Mehrheiten für alternative Vorschläge oder Positionen gewonnen werden. Zwar sollte in der Debatte das „bessere" Argument ausschlaggebend sein, aber auch instrumentell-strategisches Denken ist ein legitimes Mittel (Massing 1999, S. 403f.).

Vorbereitung

Bevor die Schüler eine Debatte beginnen, müssen sie sich eingehend mit dem Stoff beschäftigt haben. Zuerst muss das Problem analysiert werden. Anschließend werden unterschiedliche Positionen herausgearbeitet. Damit

Gemeinsamer Austausch und Diskussionen

können die Schüler eine Meinung bilden und diese in der Debatte vertreten. Folgende Rollen sind bei der Debatte nötig:

Moderator: Er achtet darauf, dass Regeln und Zeit eingehalten werden. Außerdem nimmt er die Fragen aus dem Plenum entgegen und führt die abschließende Abstimmung durch.

Pro-und-Kontra-Parteien: Sie sollten jeweils aus etwa vier bis fünf Schülern bestehen. Die Gruppen wählen einen Gruppensprecher, der die Argumente vorträgt.

Plenum: Die restlichen Schüler bilden das Plenum. Sie verfolgen die Debatte. Am Ende dürfen sie Fragen stellen, bevor sie abschließend über das Problem abstimmen.

So geht's

1. Vorbereitung
Nachdem das Thema bekanntgegeben und Gruppen eingeteilt wurden, erfolgt eine zeitlich begrenzte Erarbeitungsphase, in der die Gruppen ihre Argumentationskette aufbauen und ein Plädoyer vorbereiten.

2. Durchführung
Der Moderator eröffnet die Debatte. Er begrüßt die beiden Parteien und weist noch einmal auf die Einhaltung der Regeln hin (ausreden lassen, zeitliche Begrenzung). Dann erteilt er nacheinander den Gruppensprechern das Wort, die daraufhin ihre Plädoyers halten. Die Plädoyers sollten nicht länger als drei bis fünf Minuten dauern. Im Anschluss daran ziehen sich die Gruppen zurück, um eine Strategie zu erarbeiten, wie sie auf die Plädoyers antworten können. In einer Erwiderungsrunde versuchen die Gruppensprecher nun, die Argumente der Gegengruppe zu entkräften und eigene Argumente zu stärken. Nach Abschluss dieser Runde darf das Plenum Fragen an die Gruppen stellen. Der Moderator lenkt dabei das Gespräch, indem er Meldungen entgegennimmt und gegebenenfalls Fragen zusammenfasst. Er gibt außerdem einen zeitlichen Rahmen vor, wie lange die Fragerunde andauert. Nach Ablauf der Zeit oder wenn keine Fragen mehr aus dem Plenum gestellt werden, wird nun über das Problem abgestimmt. Die Schüler entscheiden vor der Abstimmung, welches Verfahren am sinnvollsten ist (geheime/offene Wahl usw.).

Gemeinsamer Austausch und Diskussionen

3. Auswertung

Im Anschluss an die Abstimmung wird die Debatte ausgewertet. Hierbei ist besonders interessant, wie sich die Schüler in ihrer Rolle gefühlt haben und ob die Argumentationsweise die Abstimmenden im Plenum beeinflusst hat. Im weiteren Verlauf kann ausgewertet werden, was den Schülern während der Debatte aufgefallen ist und wie die Qualität der Argumente war. Auch die Einhaltung der Gesprächsregeln sollte reflektiert werden.

Tipps

Es ist wichtig, dass Sie ein Ja-Nein-Thema wählen, also ein Thema, das eine wirkliche Positionierung fordert. Beispiele hierfür wären: Wahlrecht mit 16, Bau eines großen Chemie-Werkes in Schul- oder Wohnnähe usw.

84 Streitgespräch

Um kompetent handeln zu können, ist es wichtig, auch in Konfliktsituationen seine Meinung ruhig und mit sachlichen Argumenten zu vertreten.

Ziele

Beim Streitgespräch sollen die Schüler lernen, zu argumentieren, sachliche Kritik zu üben und somit ihre Kommunikationsfähigkeit zu erweitern. Außerdem üben sie, sich in andere hineinzuversetzen.

Vorbereitung

Nachdem ein Thema bekanntgegeben oder gewählt worden ist, zu dem es möglichst konträre Meinungen gibt, werden folgende Rollen verteilt:

Diskussionspartner: Sie führen das Streitgespräch.

Moderator: Er leitet das Gespräch und schreitet bei Regelverstößen ein.

Beobachter: Die Beobachter achten besonders auf einzelne Phasen oder Teile des Gespräches, wie z.B. die Einhaltung der Gesprächsregeln, die Neutralität des Moderators oder den Argumentationsaufbau.

Gemeinsamer Austausch und Diskussionen

So geht's

1. Vorbereitung
Nachdem das Thema bekanntgegeben und die Rollen verteilt wurden, beginnen die Diskussionspartner, Argumente zu sammeln und eine Strategie festzulegen. Die Beobachter erarbeiten Beobachtungskriterien und teilen die Beobachtungsaufträge auf.

2. Durchführung
Nun folgt das eigentliche Streitgespräch. Dabei sollte die Regel eingehalten werden, dass der andere immer ausreden darf. Ebenso sollte die Argumentation schrittweise aufgebaut und gesteigert werden. Der Moderator leitet das Gespräch und greift bei Regelverstößen oder zu langen Monologen ein. Die Beobachter folgen ihrem Beobachtungsauftrag.

3. Auswertung
Zuerst beschreiben die Diskussionspartner, wie sie sich gefühlt haben. Im Anschluss daran reflektieren die Beobachter das Gespräch erst allgemein und danach bezüglich ihrer Beobachtungsaufträge.

Tipps

Halten Sie sich die gesamte Zeit über im Hintergrund. Bei Bedarf können Sie Positionskärtchen mit weiterführenden Argumenten, Hinweisen, Anweisungen oder Ereignissen einwerfen.

85 Gerichtsverhandlung

Die Gerichtsverhandlung ist eine Form des Planspiels. Da sie jedoch auch eine besondere Form der Diskussion ist und damit vielseitig eingesetzt werden kann, stelle ich sie gesondert vor.

Ziele

Bei der Gerichtsverhandlung übernehmen die Schüler verschiedene Rollen und empfinden diese nach. Außerdem soll beobachtet und ausgewertet werden, ob eine Dynamik entsteht, d.h. Sympathien und Antipathien gegenüber bestimmten Rollen auftreten.

Gemeinsamer Austausch und Diskussionen

Vorbereitung

Es bietet sich an, eine Gerichtsverhandlung entweder als Einstieg oder als Abschluss für eine Unterrichtseinheit zu nutzen. Erzählen Sie im Kreis den Schülern von der Person, die angeklagt werden soll.

So geht's

1. Vorbereitung

Höhere Klassen können die Recherche, wie eine Gerichtsverhandlung abläuft und welche Rollen es gibt, selbst übernehmen. In Klassen mit weniger Erfahrung sollten Sie eine Einführung geben. Im Kreis werden anschließend die einzelnen Verfahrensabschnitte besprochen, die an einem Strafverfahren Beteiligten herausgearbeitet und die Rollen verteilt. (Folgende Rollen sind bei einem Verfahren vor dem Jugendgericht denkbar: Angeklagter, Jugendgerichtshilfe, Verteidigung, Nebenkläger, Jugendrichter, evtl. Zeugen, Jugendstaatsanwalt, Protokollant.) Nun erhalten alle Gruppen, außer der Richter- und der Protokollgruppe, die Aufgabe, für die Hauptverhandlung ein Plädoyer vorzubereiten. Hierfür sollten Sie eine zeitliche Begrenzung auf etwa fünf Minuten festlegen. Die Richter- und Protokollgruppe informiert sich in der Zeit ausführlich über Möglichkeiten der Bestrafung. Dazu sollten sie evtl. Materialien bereitstellen.

2. Durchführung

Nun beginnt die eigentliche Gerichtsverhandlung. Dabei werden die Plädoyers vorgetragen. Die Richtergruppe, die Verteidigung und die Staatsanwaltschaft haben das Recht, Nachfragen zu stellen. Wurden alle gehört, ziehen sich die Richter zurück. Nach einer kurzen Beratungszeit wird das Urteil verkündet.

3. Auswertung

Die einzelnen Gruppen kommunizieren das Urteil und erzählen, wie sie sich in ihrer Rolle gefühlt haben. Abschließend reflektieren alle gemeinsam den Prozess.

Tipps

Um eine neue Dynamik in die Verhandlung zu bringen, können Sie unerwartet eine Aktionskarte ins Spiel bringen, durch die sich eine Zeugenaussage ändert, ein neuer Sachverhalt entsteht oder ein Gesetz geändert wird.

Präsentationen

Ideen 86–96

Wie bereits eingehend erwähnt, kommt der Präsentation im geöffneten Unterricht eine besondere Rolle zu, da nicht alle am selben Thema arbeiten. Die folgenden Ideen bieten Ihnen eine breite Auswahl an Möglichkeiten, wie die Schüler ihre Lernergebnisse und Themen präsentieren können.

86 Schülervortrag

Es gibt unterschiedliche Situationen, in denen Schüler kurze oder längere Vorträge halten. Egal, ob Schüler vom Wochenende erzählen, eine ausführliche Antwort geben, einen Text rezipieren oder ein selbsterarbeitetes Thema vorstellen. Für all diese Situationen ist der mündliche Sprachgebrauch wichtig.

Ziele

Ein Schülervortrag dient entweder der Zusammenfassung, einem Textvortrag oder der Darstellung eines Themengebietes. Mit Hilfe von Schülervorträgen lernen die Schüler, sich zu äußern und Lerninhalte oder ihre Meinung zu vertreten.

Vorbereitung

Damit die Schüler möglichst umfassende Gesprächskompetenzen erlangen, sollten verschiedene Gesprächstechniken genutzt werden. Dafür können Sie verschiedene unterstützende Methoden einsetzen. Die Methoden erfordern meist keine speziellen Materialien oder Vorbereitungen.

So geht's

Im Folgenden stelle ich einige unterstützende Methoden zum Ausbau der Gesprächskompetenz vor.

Satzmuster
Die Schüler stellen aus standardisierten Redewendungen der Fachsprache (Mustersätze zu einem Themenbereich) durch den Austausch von Wortgruppen eigene Sätze zusammen.

Präsentationen

Fragemuster
Ähnlich wie beim Satzmuster nutzen die Schüler eine Sammlung von standardisierten Fragesätzen mit Leerstellen, um Dialoge, Gruppengespräche oder Fragespiele weiterzuentwickeln.

Beide Methoden eignen sich besonders für den Fremdsprachenunterricht, da wiederkehrende Phrasen genutzt werden.

Wortspeicher
Geben Sie Begriffe, Formulierungen oder Fachausdrücke vor, die die Schüler verwenden und notieren. Insbesondere für naturwissenschaftliche Fächer ist diese Übung gut geeignet.

Gesprächskette
Starten Sie die Kette, indem Sie das Wort an einen Schüler weitergeben, der es nach seinem Beitrag ebenfalls weitergibt. Auf diese Weise entsteht eine Gesprächskette. Das Wort kann auch durch einen Gegenstand (z.B. Knautschball, Stein …) symbolisiert werden. Die Gesprächskette kann auf verschiedene Arten geführt werden:
- … Die Schüler müssen auf das Argument oder den Beitrag des Schülers vor sich reagieren.
- … Die Schülerbeiträge beziehen sich nicht aufeinander (z.B. Erzählkreis vom Wochenende).
- … Der Schüler, der gerade einen Beitrag gegeben hat, wählt den nächsten Schüler aus, egal ob dieser sich meldet oder nicht.
- … Es werden nur Schüler berücksichtigt, die sich melden und einen Beitrag geben wollen.

Murmelgespräch
Die Schüler erhalten eine kurze Zeit (ca. zwei bis fünf Minuten), in der sie mit einem Partner über eine Antwort, Meinung, Frage oder einen Lösungsvorschlag diskutieren. Im Anschluss werden verschiedene Schülerbeiträge gehört und im Unterrichtsgespräch diskutiert.

Aushandeln
Das Aushandeln ist die Fortführung des Murmelgesprächs. Die Schüler stellen eigene Thesen zu einem schwierigen Sachverhalt oder einer Frage auf. Anschließend finden sie sich mit einem Partner zusammen und einigen sich auf eine These. Im folgenden Schritt fusionieren zwei Pärchen zu einer 4er-Gruppe, stellen ihre These vor und einigen sich wiederum auf eine These. Diese Variation

Präsentationen

kann fortgeführt werden, bis nur noch eine oder zwei Gruppen vorhanden sind und dementsprechend nur noch eine oder zwei Thesen im Raum stehen.

Gesprächshelfer
Ein Schüler darf sich einen Helfer suchen, der ihn unterstützt, Inhalte ergänzt oder Fehler korrigiert, wenn er in einem Vortrag stecken bleibt.

Thesentopf/Thementopf
Diese Methode dient der Übung eines möglichst professionellen Argumentationsaufbaus in Kurzvorträgen oder Streitgesprächen. Bereiten Sie dazu einen Topf mit unterschiedlichen Themen sowie Pro- und Kontra-Thesen als Ausgangspunkt für einen Vortrag oder ein Streitgespräch vor. Ein oder mehrere Schüler ziehen ein Thema oder Thesen und müssen darüber einen Kurzvortrag aus dem Stand halten oder die kontroversen Thesen mit möglichst schlagkräftigen Argumenten und guter Rhetorik verteidigen.

Tipps

Die Methode „Thesentopf/Thementopf" eignet sich auch für Vertretungsstunden oder Zeiten, in denen Leerlauf entsteht. Sie kann immer wieder zur Auflockerung „zwischendurch" angewandt werden. Besonders unterhaltsam und spannend wird es, wenn die Themen außergewöhnlich oder skurril sind.

87 Referat

Ein Referat ist die mündliche Darlegung eines komplexen Themas. Sie wird meist mit einer schriftlichen Ausarbeitung (Handout) und/oder einer visuellen Präsentation verbunden.

Das Referat ist wohl – auch oder gerade im Lehrgangsunterricht – die gängigste Präsentationsform. Aus diesem Grund sollten den Schülern die wichtigsten Elemente eines guten Referates vertraut sein. Dies kann einerseits durch die Besprechung der Elemente, andererseits auch durch Übungen, wie in der vorhergehenden Idee beschrieben, geschehen.

Ziele

Die Schüler geben Hauptinhalte eines Themengebietes, mit dem sie sich eingehend beschäftigt haben, an andere weiter. Um das Referat interessant zu machen, halten sie bestimmte Richtlinien und Gesprächsregeln ein.

Präsentationen

👓 Vorbereitung

Die Schüler bereiten das Referat während oder außerhalb des Unterrichts selbstständig vor und führen es durch. Für die Präsentation benötigen sie eventuell Kopien eines Handouts oder Laptop und Beamer (alternativ Smartboard).

🎯 So geht's

Die Arbeit ist in die Vorbereitungsphase und die Präsentationsphase geteilt. Innerhalb der Phasen sind verschiedene Schritte notwendig. Diese können Sie auch als Handreichung mit den Schülern erarbeiten und ausgeben. Außerdem sollten die Schüler das Referat möglichst visuell unterstützt darbieten. Dies kann in Form eines Posters, mit Hilfe von Fotos oder Videos, aber auch durch eine Powerpoint-Präsentation geschehen.

1. Vorbereitungsphase

- a) **Erarbeitung des Themas:** Die Schüler sammeln Informationen und Materialien, um sich einen Überblick über das Thema zu verschaffen. Dabei müssen sie Fachbegriffe klären, das Thema gliedern und Schwerpunkte setzen.
- b) **Gliederung erstellen:** Im Anschluss an die Erarbeitung wird eine Gliederung für das Referat erstellt. Die Schwerpunkte des Referates sollten in Stichpunkten auf Karteikarten festgehalten werden. Dabei können wichtige Begriffe, Überleitungen oder Satzanfänge von schwierigen Teilen notiert werden.
- c) **Einstieg:** Der Einstieg soll zum Thema hinführen und Interesse wecken. Aus diesem Grund sollte er möglichst originell sein. Denkbar ist z.B. ein Widerspruch, Zitat, Witz, Videoclip oder Zeitungsbericht.
- d) **Hauptinhalte wiedergeben:** Dieser Teil bildet den Schwerpunkt des Referates. Die Schüler arbeiten das Thema aus, geben Hauptinhalte wieder, ziehen Schlussfolgerungen und sprechen weiterführende Ideen oder Fragen an. Hierbei sollten sie immer Quellen angeben.
- e) **Schluss:** Der Abschluss sollte auf den Anfang verweisen. Eventuell können der Anfangsgedanke oder die Anfangsfragen noch einmal aufgegriffen werden. Danach sollte Zeit für Rückfragen der Zuhörer eingeplant werden.
- f) **Unterstützende Präsentation:** Zur Veranschaulichung sollte das Referat möglichst visuell oder audiovisuell unterstützt und mit Anschauungsmaterial ergänzt werden. Die Techniken und Vorgehensweisen hierzu finden Sie gesondert in weiteren Ideen (vgl. Ideen 88–93).

Präsentationen

- g) **Ergebnissicherung:** Die Ergebnissicherung erfolgt in Form eines Handouts (vgl. Idee 89). Alternativ können die Schüler auch ein Arbeitsblatt, Kontrollfragen, ein Quiz oder ein Kreuzworträtsel vorbereiten.
- h) **Referat üben:** Wenn möglich, sollten die Schüler ihren Vortrag vor anderen üben. Kriterien ergeben sich aus der im Anschluss beschriebenen Präsentation des Referates.
- i) **Klärung organisatorischer und technischer Fragen:** Bevor die Schüler ihr Referat vortragen, müssen sie das Handout vervielfältigen. Weiterhin muss sichergestellt werden, dass benötigte Medien, wie Laptop, Beamer, CD-Player, Overheadprojektor o.Ä., vorhanden sind. Auch die organisatorisch-technischen Fragen müssen die Schüler klären: Wie ist die Anordnung der Tische? Kann der Raum abgedunkelt werden? ...

2. Präsentationsphase

Um das Referat interessant vorzutragen und die Zuhörer für sich zu gewinnen, sollten einige Tipps berücksichtigt werden. Diese betreffen auf der einen Seite die thematischen Inhalte, auf der anderen Seite den sprachlichen Stil. Außerdem sollten die Schüler unbedingt den zeitlichen Rahmen einhalten.

Inhaltliche Komponente

- Die Zuhörer müssen merken, dass sich der Referierende mit dem Thema auskennt. Dazu ist es sinnvoll, den Zuhörern zu vermitteln, warum der Vortragende das Thema persönlich interessant findet. Außerdem muss er den Vortrag fachlich richtig und logisch aufbauen. Fachbegriffe müssen erklärt werden. Gleichzeitig sollte der Vortrag jedoch nicht mit Informationen und Fachbegriffen überfrachtet werden. Schließlich sind die Zuhörer keine Experten.
- Zu Beginn sollte der Referent einen Überblick über das Thema und seine Gliederung geben.
- Der Einstieg sollte Interesse wecken.
- Zur Veranschaulichung können Tafelskizzen, Folien, Fotos, Bild- oder Tonmaterial nützlich sein. Das Wichtigste sollte mehrfach betont werden.
- Am Ende fasst der Referent die Hauptgedanken noch einmal zusammen und gibt danach den Zuhörern Zeit für Rückfragen. Abschließend sollte er der Gruppe für das Zuhören und die Aufmerksamkeit danken.

Sprachliche Komponente

- Wichtigste Regel ist, frei zu sprechen und lediglich Stichpunkte zu verwenden.

Präsentationen

- Die Darstellung muss einfach und prägnant sein. Begrifflichkeiten sollten konkret und sachorientiert sein, verschachtelte Sätze sollten vermieden werden.
- Die Sprache muss deutlich, in angemessener Lautstärke und nicht zu schnell sein.
- Der Referent sollte seine Ausführungen durch angemessene Gestik und Mimik unterstützen, ohne jedoch zu übertreiben. Insbesondere dieser und der vorherige Punkt können in kleinen Spielen geübt werden.
- Während des Vortrags sollte der Referent Blickkontakt zu den Zuhörern herstellen. Reaktionen der Zuhörer sollte er aufnehmen und auf Fragen oder Störungen angemessen reagieren.

Tipps

Es kann hilfreich sein, das Referat vor dem Spiegel zu üben.

88 Präsentation

Insbesondere im geöffneten Unterricht, in dem nicht alle Schüler gleichzeitig am selben Thema arbeiten, ist eine gelungene Präsentation besonders wichtig. Deshalb sollte sie ebenso gut und intensiv vorbereitet werden wie das Thema selbst. In einigen Berufen kann von einer guten, überzeugenden Präsentation mehr abhängen als von den Sachverhalten selbst. Aus diesem Grund sollten die Schüler wissen, welche Präsentationsmöglichkeiten es gibt und welche Regeln für gelungenes Präsentieren beachtet werden sollten.

Ziele

Mit einer Präsentation sollen Sachverhalte und Arbeitsergebnisse veranschaulicht werden, sodass auch Personen, die sich nicht mit dem Thema beschäftigt haben, sie verstehen und im Gedächtnis behalten. Außerdem sollte die Präsentation zum Mitdenken anregen, problematisieren und zur Diskussion herausfordern.

Vorbereitung

Je nach Art der Präsentation benötigen die Schüler unterschiedliche Medien. Achten Sie außerdem darauf, dass für einige Präsentationsarten der Raum verdunkelt werden muss.

Präsentationen

🎯 So geht's

Es gibt zwei verschiedene Präsentationsarten:

… Die eine Variante unterstützt und visualisiert einen Vortrag,
… die andere Variante ist selbsterklärend und zeigt die Arbeit oder Arbeitsergebnisse. Die Medien dieser Variante können allerdings auch alle unterstützend für Präsentationen der ersten Variante eingesetzt werden.

Unterstützende Präsentationsarten

Zu den unterstützenden Präsentationsarten gehören

🌀 die Tafel

Sie wird nur noch selten für Schülerpräsentationen (und auch immer seltener für Lehrerpräsentationen) genutzt. Ein klarer Vorteil der Tafel ist, dass das Tafelbild analog zum Vortrag schrittweise entwickelt werden kann. Dementsprechend eignet sie sich unterstützend als Zweitmedium an Stellen, die eine sich entwickelnde Visualisierung fordern, für die Vortragsgliederung, Formeln oder Definitionen. Ein weiterer Vorteil ist, dass das Bild präsent bleibt. Nachteil der Tafel ist, dass die Vorbereitung nur begrenzt, in Form einer Skizze oder des vorherigen Ausprobierens, möglich ist. Eine gut lesbare Handschrift ist Voraussetzung.

🌀 das Flipchart

Für das Flipchart gelten die gleichen Vor- und Nachteile wie für die Tafel. Auf Grund seiner Größe ist es allerdings für Klassen mit bis zu 35 Schülern noch weniger geeignet als die Tafel.

🌀 der Overheadprojektor

Der Overheadprojektor war lange Zeit das vorherrschende Medium für Präsentationen in der Schule. Erst langsam wird er von multimedialen Präsentationsmedien abgelöst. Für die Arbeit mit dem Overheadprojektor muss eine weiße oder helle Wand oder eine Leinwand vorhanden sein. Wegen der begrenzten Lichtstärke ist zu beachten, dass helle Räume verdunkelt werden können. Vorteil ist, dass die Schüler Folien vorbereiten und ggf. handschriftlich ergänzen können. Die Handhabung sollte vorher geübt werden, da die Spiegelprojektion die Seiten vertauscht.

🌀 die Computerpräsentation mit oder ohne Smartboard

Die Computerpräsentation ist meist am ansprechendsten und abwechslungsreichsten, da jegliche Formen audiovisueller Medien eingearbeitet werden können. Sie bietet dementsprechend eine optimale Abwechslung von Text, Grafiken, Fotos, Animationen, Filmsequenzen, Sprache, Musik oder

Präsentationen

Programmdemos. Teilweise können die Schüler sogar das Internet unterstützend nutzen. Ablauf und Tempo steuert der Präsentierende (möglichst per Fernbedienung) selbst. Nachteile sind, dass es komplizierter ist, Schaubilder zu entwickeln, und dass Inhalte, anders als bei der Tafel, nicht sichtbar bleiben. Mitunter ist das Blättern zu vorherigen Seiten schwierig.

Selbsterklärende Präsentationsarten

Zu den selbsterklärenden Präsentationsarten gehören: **das Poster, die Fotoreportage, die Wandzeitung oder Litfaßsäule, die Ausstellung, interaktive, elektronische Multimediapräsentationen** (Ton- oder Fotoreportage, Videofilm, Powerpoint-Präsentation usw.).
Da diese Formen für sich selbst stehen, werden sie in eigenen Ideen beschrieben.

Grundregeln für Präsentationen

Unabhängig von der Präsentationsform sollten die Schüler ein Handout ausgeben, um eine Ergebnissicherung zu gewährleisten und den Zuhörern die Möglichkeit zu geben, Inhalte zu einem späteren Zeitpunkt noch einmal nachzulesen. Dies wird ebenfalls in einer eigenen Idee beschrieben (vgl. Idee 89).

Abgesehen davon, dass die selbsterklärenden Präsentationsformen ausführlicher sein müssen, gelten gleiche grundsätzliche Regeln.

- **Die Zielgruppe muss beachtet werden.**
Grundsätzlich gilt: Je weniger die Zuhörer vom Thema verstehen und je geringer ihr Interesse ist, desto verständlicher und spannender muss die Präsentation gestaltet werden.
- **Das Präsentationsmedium muss ausgewählt werden.**
Neben der Eignung eines bestimmten Mediums oder den Vorlieben des Referierenden spielen natürlich auch die Verfügbarkeit der Medien sowie die räumlichen Gegebenheiten bei der Wahl eine große Rolle.
- **Das Ziel der Präsentation muss deutlich sein.**
Der Titel der Präsentation sollte klar den Hauptinhalt des Themas widerspiegeln.
- **Das Thema muss klar gegliedert sein.**
Zu Beginn sollte ein kurzer Überblick oder eine Gliederung stehen.
- **Das Verhältnis von Texten und Bildern sollte sinnvoll und ausgewogen sein.**
Jede Visualisierung sollte einen Zweck haben.
- **Die Gestaltung muss ordentlich und übersichtlich sein.**
Egal ob mit der Tafel, dem Flipchart, dem Overheadprojektor oder multimedial gearbeitet wird: Das Medium oder die Seite sollte nicht überladen sein. Es soll-

ten nicht mehr als vier bis sechs Gliederungspunkte auf einer Seite stehen. Für gute Lesbarkeit bietet sich eine Schriftgröße zwischen 24 und 48 pt. an. Es sollten nicht mehr als zwei verschiedene Schriftarten verwandt werden.

Animationen und Effekte sollten nur dort eingesetzt werden, wo sie sinnvoll sind.

Tipps

Für die gesamte Präsentation gilt: Weniger ist mehr! – Leiten Sie die Schüler an, so wenig Informationen und Erklärungen wie möglich, aber so viele Informationen und Erklärungen wie nötig zu geben.

89 Handout (Thesenpapier)

Jedes Referat oder jede Präsentation, die in der Ausbildung oder im Beruf gehalten wird, wird von einem Handout begleitet. Deshalb sollte die Anfertigung eines gelungenen Handouts schon in der Schule geübt werden.

Ziele

Das Handout dient zur Ergebnissicherung. Für die Zuhörer werden die wichtigsten Daten und Fakten eines Vortrages oder einer Präsentation zusammengefasst. Dadurch sind sie auf der einen Seite unterstützend schriftlich präsent, auf der anderen Seite können sie zu einem späteren Zeitpunkt noch einmal angesehen werden.

Vorbereitung

Die Vorbereitung erfolgt individuell, je nach Handout.

So geht's

Im Folgenden beschreibe ich die Elemente eines guten Handouts. Es bietet sich an, diese mit den Schülern anhand gelungener oder weniger gelungener Vorlagen zu erarbeiten.

… **Kopfzeile:** In der Kopfzeile des Handouts, die auf jeder Seite auftaucht, werden die Autoren sowie das Schuljahr, die Klassenstufe und der Fachbereich vermerkt.

Präsentationen

- **Überschrift:** Die Überschrift sollte dem Vortrag entsprechen und somit das Hauptthema wiedergeben.
- **Inhalt:** Das Handout sollte die wesentlichen Definitionen, Begriffe und Zusammenhänge wiedergeben, die im Vortrag erläutert werden. Die Gliederung sollte der des Vortrags entsprechen. Zentrale Begriffe sollten definiert werden. Es ist ratsam, entweder durchgehend oder am Ende des Handouts ein Beispiel zur Verdeutlichung der Inhalte anzuführen. Zur Veranschaulichung können Bilder und Grafiken verwendet werden. Dabei sollte auf eine gute Qualität geachtet werden.
- **Form:** Die Länge des Handouts sollte ein bis drei Seiten nicht überschreiten, um Übersichtlichkeit zu wahren. Es sollte in Stichpunkten oder kurzen Sätzen verfasst sein. Wichtiges kann kursiv oder in Fettschrift hervorgehoben werden. Die Gliederung sollte durch eine Nummerierung und Zwischenüberschriften gut sichtbar sein, ebenso sind Seitenzahlen sinnvoll. Um Notizen oder Unterstreichungen für den Adressaten zu ermöglichen, sollte die Schriftgröße nicht kleiner als 11pt mit einem Abstand von 1,5 Zeilen sein. Es ist zudem ratsam, entweder nach einzelnen Themenbereichen oder am Ende Platz für Notizen zu lassen.
- **Quellenangaben:** Am Ende des Handouts sollte ein Literaturverzeichnis stehen. Auch die Herkunft von Informationen aus dem Internet und von Grafiken muss gekennzeichnet werden. Für die Adressaten kann es außerdem hilfreich sein, weiterführende Quellen oder Internetadressen anzugeben.

Tipps

Ein Handout sollte nicht den ganzen Vortrag wiedergeben, sondern nur ergänzend die wichtigsten Fakten zusammenfassen. Aus diesem Grund bietet es sich an, das Handout zu Beginn auszuteilen, damit die Zuhörer sich ggf. noch zusätzliche Notizen auf dem Handout machen können.

Powerpoint-Folien können leicht als Handout ausgedruckt werden.

Im Gegensatz zum Handout umfasst ein Thesenpapier zugespitzt oder pointiert formulierte Thesen, die als Grundlage für weitere Diskussionen dienen. In einer These werden wesentliche Merkmale oder Definitionen, aber keine Details genannt.

Präsentationen

90 Ausstellung

Ausstellungen haben für Schüler einen hohen Motivationscharakter, da die Arbeitsergebnisse einer breiten Öffentlichkeit zugänglich gemacht werden. Auch auf Schüler anderer Klassen können sie motivierend und anregend wirken.

Ziele

Mit der intensiven Beschäftigung mit einem Thema und der anschließenden Veröffentlichung wird die Sachkompetenz der Schüler erweitert. Gleichzeitig werden durch die Arbeit in verschiedenen Sozialformen und mit unterschiedlichen Partnern soziale Kompetenzen geschult.
Während der einzelnen Phasen arbeiten die Schüler eigeninitiativ und handlungsorientiert, was wiederum nachhaltiges Lernen fördert.

Die Erarbeitung einer Ausstellung ist fächerübergreifend. Außerdem können die Schüler Spezialwissen erlangen und einbringen.

Vorbereitung

Da eine Ausstellung immer öffentlich ist, sollte sie sorgfältig geplant und vorbereitet werden.

Klären Sie frühzeitig, wo die Ausstellung stattfinden soll und welche Räume zur Verfügung stehen. Vielleicht ist es möglich, einen öffentlichen Raum, z.B. in einer Bibliothek, im Rathaus oder anderen öffentlichen Gebäuden, zu erhalten. Klären Sie anschließend, welche technischen Möglichkeiten zur Verfügung stehen (Stromanschlüsse, Computer, Fernseher …) und welche Präsentationsmöglichkeiten (Tische, Stellwände, Pinnwände, Vitrinen) vorhanden sind oder beschafft werden können. Achten Sie auch darauf, welcher Schutz vor Diebstahl oder Vandalismus getroffen werden kann (nur geschlossene Vitrinen, Texte und Bilder in Rahmen hinter Glas …).

Wichtig ist, sich zu überlegen, welche Adressaten erreicht werden sollen. Dementsprechend muss die Ausstellung gestaltet werden. Außerdem ist davon abhängig, wann und auf welche Weise die Ankündigung vorgenommen wird. Auf jeden Fall ist ein frühzeitiger Hinweis sinnvoll.

Präsentationen

🎯 So geht's

Die Arbeit kann in drei Phasen eingeteilt werden:

1. Vorbereitung
   Zu Beginn sollten alle gemeinsam die Grundkenntnisse zum Themenkomplex wiederholen, um eine einheitliche Ausgangslage zu schaffen. Anschließend beraten die Schüler über die Teilthemen, die bearbeitet werden sollen.
   Im folgenden Schritt stehen die Arbeitstechniken im Mittelpunkt. Die Schüler überlegen, welche Techniken sie benötigen. Sollten Techniken noch nicht bekannt sein, werden sie an dieser Stelle besprochen. Höhere Klassen könnten auf diese Weise in die Archivarbeit eingeführt werden. Bei einigen Themen bietet es sich an, einen Experten einzuladen oder Expertengespräche zu führen. Auch diese sollten hier vorbereitet werden.
   Dann finden sich die Schüler in Gruppen zusammen. Jede Gruppe bearbeitet einen eigenen Themenkomplex, sodass es nicht zu Dopplungen oder Überschneidungen kommt.
   Die Gruppenmitglieder recherchieren nun in ihrem Themenbereich. Sie legen eine Materialsammlung mit Texten, Bildern, Grafiken und, je nach Thema, realen Gegenständen an.
   Die Vorbereitungsphase wird mit einem Plenum oder Kreis abgeschlossen. Dort stellen die einzelnen Gruppen ihre Teilergebnisse vor, um sicherzugehen, dass es keine Dopplungen gibt und keine wichtigen Fakten offen gelassen wurden.
   Außerdem einigen sich an dieser Stelle alle auf ein gemeinsames Layout. Dazu stellen die Schüler verschiedene Varianten vor, diskutieren darüber und stimmen schließlich ab.
2. Ausstellungsplanung
   In dieser Phase wird die Materialsammlung aufgearbeitet. Je nach Thema schreiben die Schüler Texte, führen Interviews durch, fotografieren, bauen Modelle, filmen oder führen Reportagen durch. Wichtig dabei ist, dass Bildmaterial und ergänzende Materialien immer das Thema unterstützen.
   Abschließend bereiten die Schüler die Ausstellungsgegenstände vor (z.B. Poster erstellen, Gegenstände beschriften, Fotos aufkleben …).
3. Ausstellungsaufbau/Eröffnung
   Im letzten Schritt wird die Ausstellung aufgebaut. Achten Sie darauf, dass alle Schüler mit eingebunden sind. Alternativ könnte eine Schülergruppe

Präsentationen

die Ausstellung aufbauen, eine weitere Flyer entwerfen und verteilen, während eine dritte Gruppe die Eröffnungsveranstaltung plant. Insbesondere bei einer größeren Ausstellung oder bei einer Ausstellung in einem öffentlichen Gebäude sollte unbedingt eine Eröffnungsveranstaltung stattfinden. Dabei sollten die Schüler eine Einführung in die Ausstellung sowie die Darstellung der eigenen Arbeit geben. Eventuell gibt es noch weitere Redner (Schulleiter, Leiter der ausstellenden Einrichtung, Kommunalpolitiker). Daneben wäre ein Rahmenprogramm denkbar (z.B. Musikstück, Getränkeausschank, kleines Büfett).

Die Ausstellung sollte wenigstens zu einigen Zeiten betreut werden. Dies können an verschiedenen Tagen unterschiedliche Schüler übernehmen.

Tipps

Eine Ausstellung ist eine Veranschaulichung eines Themas. Dementsprechend sollten die Texte kurzgehalten und möglichst viele Anschauungsmaterialien vorhanden sein. Vielleicht ist es möglich, einen interaktiven oder kreativen Teil einzubauen, bei dem die Besucher selbst tätig werden können.

91 Litfaßsäule

Eine Litfaßsäule diente ursprünglich zur Verbreitung von Informationen. Jeder wusste, wo in seiner Umgebung eine Litfaßsäule zu finden war.

Ziele

Eine Litfaßsäule stellt einen zentralen Punkt bei der Veröffentlichung von Arbeitsergebnissen und Informationen dar. Die Schüler können immer wieder auf die Ergebnisse zurückgreifen und diese vergleichen. Die Arbeit verschiedener Klassen wird für andere Klassen transparent.

Vorbereitung

Sie benötigen eine runde Säule. Vielleicht ist im Schulgebäude eine vorhanden, die umgestaltet werden kann. Anderenfalls kann eine Litfaßsäule im Kunst- oder Werkunterricht, z.B. aus Draht und Pappmaché, gebaut werden. Achten Sie beim Einsatz im Schulhaus darauf, dass die Feuerschutzbestimmungen eingehalten werden.

Präsentationen

🎯 So geht's

Es gibt verschiedene Varianten zur Nutzung einer Litfaßsäule, die innerhalb der Klasse, von mehreren Klassen oder der gesamten Schule verwendet werden kann. Für Aushänge an der Litfaßsäule gelten die gleichen Regeln und Abläufe wie beim Poster oder Plakat (vgl. Idee 92 und Idee 93).
Die Litfaßsäule dient dem Austausch von Informationen.
Die Schüler können die Säule ähnlich einem Schwarzen Brett nutzen. Sie kann sowohl für private Informationen (z.B. Verkäufe) als auch als schulisches Kommunikationsinstrument dienen. So können z.B. die Aufgabe der Woche (vgl. Idee 50), Klassendienste oder Hausaufgaben an der Litfaßsäule publiziert werden.

Nutzung als Wandzeitung
... Eine Klasse gestaltet eine Wandzeitung zu einem Themenkomplex. Diese wird für die anderen Schüler öffentlich gemacht.
... Die Schule gestaltet eine Wandzeitung zu einem Themenkomplex. Mehrere oder alle Klassen beschäftigen sich mit dem gleichen Thema und steuern verschiedene Artikel bei, die an der Litfaßsäule veröffentlicht werden.
... Verschiedene Klassen steuern Beiträge zu verschiedenen Themen bei.

✏️ Tipps

Schlagen Sie auf einer Konferenz vor, an einem zentralen Ort im Schulgebäude eine Litfaßsäule aufzustellen, die abwechselnd von verschiedenen Klassen unterschiedlich gestaltet wird oder die als Informationstafel von den Klassen für die Klassen dient.

92 Poster zur Darstellung von Lernergebnissen

Poster sind eine der gängigsten Präsentationsformen. Das Erstellen eines Posters gehört zu den Kompetenzen, die bereits in der Grundschule erworben werden sollten.

👑 Ziele

Ein Poster soll über die entscheidenden Inhalte eines erarbeiteten Stoffgebietes informieren. Mit Hilfe des Posters können die Schüler erarbeitete Inhalte unterstützend visualisieren.

Präsentationen

Vorbereitung

Sie benötigen ein großes Blatt Papier, dicke, verschiedenfarbige Filzstifte, Bilder, Grafiken, Fotos zum Thema sowie Haftstreifen oder Magnete für die Befestigung.

So geht's

Zuerst überlegen die Schüler, welche Informationen des Themenkomplexes besonders wichtig sind und welche visualisierenden Quellen dazu genutzt werden können (Fotos, Bilder, Tabellen …).

Im nächsten Schritt werden die Informationen strukturiert und die Aufteilung auf dem Poster vorbereitet. Dazu ist es sinnvoll, wenn die Schüler sich eine Skizze anfertigen oder die einzelnen Elemente auf das Poster legen und ggf. verschieben.

Im Anschluss daran kleben sie die Bilder auf und fügen Bildunterschriften, Hinweise usw. hinzu.

Bei der Postergestaltung sollten einige Regeln beachtet werden:

- Die **Überschrift** des Themas muss **groß und deutlich** geschrieben werden. Sie sollte den Hauptinhalt des Themas wiedergeben.
- Es sollte eine **klare optische Aufteilung** vorhanden sein. Dabei gilt die Grundregel: Weniger ist mehr.
  Das Poster darf nicht mit Texten oder Bildern überladen werden. Zum Rand hin sollte etwas Platz gelassen werden. Als Orientierungshilfe sollte das Poster entweder von links nach rechts oder von oben nach unten lesbar sein.
- Der Text sollte **in ausreichend großer Schrift** in einer Farbe, die sich gut vom Untergrund abhebt, gestaltet werden. Die Schrift sollte maximal 50% des Posters einnehmen. Texte sollten in Abschnitte gegliedert sein und Schlüsselbegriffe hervorgehoben werden.
- Als Signalwirkung kann mit **Farben und Symbolen** (Ausrufezeichen, Pfeilen …) gearbeitet werden. Grüne Farbe signalisiert Gebote, während Rot für Verbote oder Warnungen steht.

Präsentationen

✏️ Tipps

Die Schüler sollten überlegen, ob sie das Poster unterstützend für einen Vortrag verwenden oder ob es unkommentiert, z.B. in einer Ausstellung, ausgehängt wird. Dementsprechend können Informationen knapper, ausführlicher und selbsterklärend gestaltet werden.

Die Bewertung eines Posters kann nach den oben genannten Regeln vorgenommen werden. Dabei können die Schüler bei der Bewertung mit einbezogen werden. Dadurch verdeutlichen sie sich noch einmal die stilistischen Mittel, mit denen gearbeitet wurde.

93 Plakat

Früher wurde in erster Linie mit Plakaten gearbeitet, um Informationen weiterzugeben. Heute kennen Schüler Plakate hauptsächlich aus der Produktwerbung, von Wahlen oder als Veranstaltungsankündigung. Ein Effekt ist bei einem Plakat besonders wichtig: Es sollte ein Hingucker sein. Mit einem Blick muss das Wesentliche erfasst werden. Die Botschaft eines Plakates sollte möglichst viele Menschen erreichen.

👑 Ziele

Ein Plakat soll eine kurze, eindeutige Botschaft an möglichst viele Menschen übermitteln. Der Betrachter soll vom Thema angeregt werden und die wichtigen Kernaussagen schnell erfassen. Im Unterricht kann es auf eine Veranstaltung oder ein bestimmtes Thema hinweisen, zu allgemeinen Informationszwecken oder unterstützend zur Ergebnispräsentation genutzt werden.

👓 Vorbereitung

Zur Herstellung eines Plakates benötigen Sie ein großes Blatt Papier, dicke, farbige Stifte, Fotos und Bilder.

Es wirkt jedoch professioneller, wenn das Plakat am Computer mit einem Grafikprogramm erstellt und anschließend ausgedruckt wird.

Präsentationen

So geht's

Zuerst müssen sich die Schüler überlegen, an wen sich das Plakat richten soll. Das Design sollte zum Adressatenkreis passen. Anschließend werden Überlegungen zum Inhalt angestellt.

Dazu machen sich die Schüler Gedanken, ob sich ein Slogan oder Schlagwort für das Plakat eignet. Informationen sollten sie auf jeden Fall kurz und knapp halten. Anschließend wählen sie Fotos oder Bilder aus.
Damit das Plakat insgesamt harmonisch wirkt, dürfen nicht zu viele verschiedene Elemente und höchstens zwei unterschiedliche Schriftarten genutzt werden.
Nun müssen sich die Schüler einigen, in welchem Format sie das Plakat anlegen wollen.

Im Anschluss daran erstellen sie eine Skizze und fügen die Materialien für die Ausführungen hinzu bzw. beginnen mit der Bearbeitung am Computer.

Tipps

Grafische Gestaltungsmittel werden schneller wahrgenommen als Texte, da viele Menschen eher optisch veranlagt sind. Demensprechend sind Plakate mit großen Fotos oder Bildern häufig bessere Hingucker.

Die Mindestschriftgröße sollte ca. 5% der Plakathöhe entsprechen.

Bestimmte Farbtöne sind häufig mit bestimmten Empfindungen oder Objekten verbunden. Diese Verbindungen können für Plakate genutzt werden (blau: Wasser, grün: Natur, rot: Warnung, Liebe).

94 Diorama

Ein Diorama ist ein Schaukasten, in dem mit Modellfiguren und -landschaften vor einem oft halbkreisförmigen, bemalten Hintergrund z.B. historische Szenen oder Tiere in ihrer natürlichen Umgebung dargestellt werden.

Ziele

Durch den Nachbau beschäftigen sich die Schüler handlungsorientiert und intensiv mit dem Thema. Durch Gruppen- oder Partnerarbeiten werden

Präsentationen

soziale Kompetenzen gefördert. Weiterhin wird die Kreativität angeregt, da die Schüler in vielen Bereichen mit Baumaterialien improvisieren müssen. Die Feinmotorik wird geschult.

👓 Vorbereitung

Die Schüler benötigen verschiedene Materialien, mit denen sie das Diorama nachbauen können. Als Materialien eignen sich Streichhölzer, Perlen, Gips, Filz, Watte, Wolle, Wasserfarben, Pappe, kleine Figuren, Korken, Kronkorken und andere kleine Alltagsgegenstände. Für kleinere Projekte kann ein Schuhkarton als Kulisse dienen.

🎯 So geht's

Die Schüler bauen zu einem Unterrichtsthema ein Diorama. Dabei können sie sowohl geschichtliche Themen wählen, bei denen der Nachbau bestimmter Szenen im Mittelpunkt steht (z.B. Nachbau eines Modells der Berliner Mauer mit allen dazugehörigen Sperrzäunen) als auch Themen, in denen fiktive Dinge gebaut werden (z.B. der Traumschulhof, das Traumzimmer, der Traumspielplatz, eine kinderfreundliche Stadt …).
Alternativ zur Möglichkeit, mit verschiedenen Materialien zu bauen, können Sie auch ein Material (z.B. Lego) vorgeben, was jedoch Probleme bei der Beschaffung mit sich bringen kann.

✏️ Tipps

Das Diorama eignet sich gut zur ergänzenden Präsentation. Zusätzlich kann noch ein Schülervortrag gehalten oder ein Poster erstellt werden.

95 Abgeordneter

Ein Abgeordneter ist ein Redner aus der Gruppe. Die Idee dient zur Übung des freien Redens vor der Gruppe und zur Präsentation von Arbeitsergebnissen.

👑 Ziele

Mit dieser Methode wird das Sprechen vor einer Gruppe geübt. Die weiteren Gruppenmitglieder unterstützen den Abgeordneten. Damit überneh-

Präsentationen

men sie die gemeinsame Verantwortung und stärken das Wir-Gefühl. Inhalte werden wiederholt und damit gefestigt.

👓 Vorbereitung

Die Schüler arbeiten in Gruppen zu je drei bis fünf Schülern.

🎯 So geht's

Zum Vorstellen der Gruppenarbeit wird ein Schüler innerhalb der Gruppe gewählt, der die erarbeiteten Inhalte im Kreis oder Plenum vorstellt. Dies sollte in kurzer, strukturierter Form geschehen. Sollte der Abgeordnete Inhalte vergessen oder schlecht wiedergeben, helfen die anderen Gruppenmitglieder berichtigend oder ergänzend.

✏️ Tipps

Die Methode eignet sich besonders bei einer arbeitsteiligen Gruppenarbeit, um Inhalte und schwierige Begriffe noch einmal zu wiederholen und zu festigen.

Als Variante können Sie an jedes Gruppenmitglied eine Zahl vergeben, die den anderen nicht bekannt ist. Danach wird eine Zahl ausgewählt. Der Ausgewählte muss die Präsentation durchführen. Die anderen Gruppenmitglieder unterstützen ihn wie oben beschrieben.

96 Forum

Das Forum ist eine Plattform zur Präsentation der Arbeitsergebnisse, möglichst über die Klassengrenzen hinaus.

👑 Ziele

Ziel ist die Präsentation von Arbeitsergebnissen vor einem größeren Publikum. Außerdem sollen die Schüler lernen, sich in einer großen, altersgemischten Gruppe zu orientieren. Sie sollen ihren Mitschülern zuschauen/zuhören und sich angemessen und rücksichtsvoll verhalten.

Durch die Präsentation sollen die Schüler motiviert und angeregt werden, ebenfalls „vorzeigbare" Leistungen zu erbringen und neue Ideen zu entwickeln.

Präsentationen

⌕ Vorbereitung

In einer Konferenz sollten sich alle Lehrer einigen, wie häufig ein Forum stattfindet. Es gibt Schulen mit wöchentlichen Foren (vgl. Morgenthau 2003). In meiner Schule führen wir jeden Monat einen Monatsabschluss durch. An Grundschulen sollte das Forum nicht länger als 60 Minuten dauern, da sonst die Konzentration nachlässt.

Es ist ratsam, dass eine Klasse das Forum leitet, um einen reibungslosen Ablauf zu garantieren. Dazu sammelt die Klasse vorab alle Beiträge, koordiniert sie und moderiert das Forum. Die einzelnen Darsteller sollten wissen, wann sie an der Reihe sind.

⚲ So geht's

Alle Schüler kommen in der Aula oder Turnhalle zusammen, um ausgewählte Arbeitsergebnisse zu präsentieren. Sollte dies aus organisatorischen Gründen nicht möglich sein, können alternativ kleinere Foren in den einzelnen Klassenstufen oder zwischen Partnerklassen angeboten werden. Eine Klasse ist für das Forum verantwortlich, d.h. sie hat die Beiträge gesammelt, geordnet und führt nun durch das Programm.

Einige Präsentationsformen eignen sich besonders für das Forum. Dazu gehören Lieder, Gedichte, Akrobatik, kleine Theaterszenen, Finger- und Stabpuppenspiele, kurze Filme oder eine Fotopräsentation.

✎ Tipps

Beginnen und schließen Sie das Forum mit einem gemeinsamen Lied. Vielleicht gibt es ja sogar eine Schüler- oder Lehrerband, die diesen Teil übernehmen kann.

Stellen Sie die Beiträge der jüngeren Schüler an den Anfang, da die Kinder häufig sehr aufgeregt sind. Dadurch entsteht ein Spannungsbogen, der zu immer anspruchsvolleren Beiträgen führt und deshalb die Aufmerksamkeit der Beteiligten aufrechterhält. Sorgen Sie für abwechslungsreiche Beiträge, und begrenzen Sie das Programm.

Selbst- und Fremdeinschätzung

Ideen 97–100

> Wie eingangs beschrieben, bringt eine Öffnung des Unterrichts auch eine Veränderung in der Bewertung von Schülerleistungen mit sich. Die folgenden Ideen helfen dabei, Leistungen einzuschätzen.

97 Lernvertrag

Ein Lernvertrag ist ein Dokument, in dem Schüler und Lehrer Absprachen zu Lernzielen, Lerninhalten, Unterstützungsformen usw. vereinbaren. Er kann auch Angaben über die Art der Zusammenarbeit (Spielregeln) beinhalten.

Ziele

Der Lernvertrag enthält verbindliche Ziele. Zweck des Vertrages ist es, diese zu erreichen. Um die Nachdrücklichkeit und Verbindlichkeit aufzuzeigen, wird ein Vertrag aufgesetzt, den beide Parteien unterschreiben.

Lernvertrag

1. Was will ich erreichen?

    Grobziel:. . . . .

    Feinziel: . . . .

2. Wie und wann werde ich meine Ziele erreichen?. . . . .
3. Mit wem werde ich zusammenarbeiten, und
    wer hat dabei welche Aufgaben? . . . .
4. Welche Arbeitsmittel brauche ich, und wo bekomme ich sie her?. . .
5. An welchen Lernorten werde ich arbeiten? . . . .
6. Wie präsentiere ich meine Ergebnisse? . . . .

....
Unterschrift Schüler   *Unterschrift Lehrer*

> Selbst- und Fremdeinschätzung

👓 Vorbereitung

Ein Lernvertrag kann auf unterschiedliche Weise entstehen:

... Als Grundlage des Unterrichts/eines Projektes
... Als schriftliches Ergebnis eines Gespräches

🎯 So geht's

In einem sehr stark individualisierten und geöffneten Unterricht ist es sinnvoll, mit den Schülern einen Lernvertrag zu schließen, in dem die Schüler ihre Lernziele festlegen.

Dazu können Sie entweder einen genormten Bogen verwenden, oder es werden individualisierte Verträge geschlossen.

✏️ Tipps

Sie müssen nicht immer mit allen Schülern einen Lernvertrag schließen. Es ist auch möglich, dies nur mit einzelnen Schülern, die z.B. Probleme beim Lernen oder mit dem Einhalten von Regeln haben, zu vereinbaren.

98 Könnerheft

Ein viel diskutierter Punkt im geöffneten Unterricht ist die Leistungsbewertung.

👑 Ziele

Mit einem Könnerheft bekommen die Schüler und auch Eltern eine Rückmeldung, wo der Einzelne steht und welche Inhalte noch erreicht werden müssen.

👓 Vorbereitung

Einige Verlage bieten mittlerweile vorgefertigte Könnerhefte bzw. Textbausteine für Diagnosebögen an, die bundesländerübergreifend Lernziele berücksichtigen (z.B. von Gesa Hintze, vgl. Literaturverzeichnis). An meiner Schule haben wir ein eigenes Könnerheft erstellt, das auf das schulinterne Curriculum zugeschnitten ist.

Selbst- und Fremdeinschätzung

So geht's

Jedes Kind erhält ein Könnerheft. In diesem Heft sind die Lernziele der jeweiligen Klassenstufe aufgelistet. Dabei handelt es sich sowohl um soziale als auch um fachliche Fähigkeiten und Fertigkeiten. In einer Spalte „geschafft" oder „erreicht" können Sie das Datum eintragen, wenn das jeweilige Lernziel erreicht wurde.

Wir haben für unser Heft Lernstandskontrollen angelegt, die die Kinder eigenständig durchführen können. Wenn sie der Meinung sind, dass sie ein Thema verstanden haben, nehmen sie sich den dazugehörigen Test aus dem Könnens-Ordner, der im Klassenraum für alle zugänglich steht, und bearbeiten ihn. Anschließend kontrolliert der Lehrer den Test. Bei uns gibt es die Spalten „gut geschafft", „geschafft" und „fast geschafft". Hat ein Kind einen Test nicht geschafft, kann es ihn nach weiterem Üben wiederholen. Das Könnerheft verbleibt bei den Schülern, damit die Eltern jederzeit eine Rückmeldung haben, wo ihr Kind gerade steht.

Tipps

Viele angebotene Könnerhefte sind sehr umfassend und kleinschrittig. Nach meiner Erfahrung ist es häufig nicht schaffbar, sich auf alle Aspekte darin zu konzentrieren. Beschränken Sie sich bei der Auswahl auf das, was Ihnen wichtig ist.

99 Portfolio

Portfolios sind Mappen, in denen Arbeitsergebnisse, Dokumente, Zeichnungen und alle Arten von Präsentationen oder Kunstwerken eigenständig von Lernenden gesammelt und gesondert reflektiert werden. Das Portfolio dokumentiert damit nicht nur Lernergebnisse, sondern auch den Lernweg.

Ziele

Das Portfolio soll während einer Lernphase dazu dienen, wichtige Inhalte, Methoden und Ergebnisse zu beobachten und sie (schriftlich) festzuhalten. Gleichzeitig soll dieser Vorgang gezielt reflektiert werden, um vor schematischen Übernahmen zu schützen und eigenständige Urteile zu fördern. Mit Hilfe des Portfolios kann eine Analyse des Lernprozesses einsetzen, die das

Selbst- und Fremdeinschätzung

Lernen selbst zum Gegenstand einer Reflexion macht, um eine methodische Lernkompetenz auszubilden und kontinuierlich zu verbessern.

Vorbereitung

Setzen Sie für Portfolios einen klaren Rahmen (Ziele, Verbindlichkeit, Umfang und Erwartungen, Bewertungen und ihre Konsequenzen), und bieten Sie hinreichende Hilfen bei der Ein- und Durchführung an. Da Portfolios im deutschen Sprachraum noch keine lange Tradition haben, ist es besonders wichtig, auf eine begleitende Einführung dieser Methode und auf wirksame Hilfestellungen zu achten.

So geht's

Planung

Die Portfolioarbeit sollte immer mit einer individuellen Planung des Schülers beginnen, die auch in das Portfolio geheftet wird. Folgende Punkte sollten dabei berücksichtigt und festgelegt werden:

- Welches **Thema** wird bearbeitet?
- In welcher **Sozialform** wird gearbeitet?
- Welche **Dinge und Utensilien** werden für die Arbeit benötigt?
- Wie ist die **Vorgehensweise**? In welcher **Reihenfolge** werden Schritte erledigt?
- Wann finden **Gespräche** (i.d.R. zwei) mit dem Lehrer statt?
- Wie soll die Arbeit **präsentiert** werden?

Organisatorischer Ablauf der Portfolioarbeit

1. Planungstext ☐
2. Zeitlicher Rahmen: _____
    - Material besorgen ☐
    - Vorschreiben ☐
    - Ins Reine schreiben ☐
    - Präsentation vorbereiten und üben ☐
3. 1. Gespräch: _____
   2. Gespräch: _____
4. Selbstreflexion ☐

Selbst- und Fremdeinschätzung

Vorgaben für die Portfolioarbeit

1. Mappe mit Überschrift ☐
2. Sachtext ☐
   (Beschreibung, Lebensweise, Besonderheiten oder Biografie, Bericht über die Taten, Interview, Interpretation der Musik)
3. Eigener Text ☐
   (Erlebnisgeschichte, Fantasiegeschichte, Theaterstück, Hörspiel)
4. Künstlerische Arbeit ☐
   (Papier, Pappe, Stoff, Holz, Ton)
5. Planungstext und Selbstreflexion ☐

Nach abgeschlossener Planung kann die eigentliche Portfolioarbeit beginnen.

Arbeit am Portfolio

Im vorgegebenen Zeitraum arbeiten die Schüler selbstständig an ihren Themen. Während der Arbeitsphase sollten ca. zwei Termine mit dem Lehrer vereinbart werden, an denen die Schüler ihre bisherige Arbeit vorstellen. Der Gesprächsverlauf und etwaige Veränderungs- und Verbesserungsvorschläge werden vom jeweiligen Schüler protokolliert und ebenfalls in das Portfolio geheftet.

Der Schüler schließt die Arbeitsphase mit einer schriftlichen Selbstreflexion ab.

Präsentation

Im Anschluss daran werden die Ergebnisse präsentiert. In welcher Form dies geschieht, hängt vom Thema ab.

Reflexion und Beurteilung

Schreiben Sie neben einer kritischen Würdigung der Präsentation abschließend eine Beurteilung über die Schülerarbeit. Dabei sollten Sie nicht nur das Ergebnis, sondern auch den Entstehungsprozess berücksichtigen.

Tipps

Insbesondere in höheren Klassen ist die Portfolioarbeit ein sehr gutes Mittel für geöffnetes Arbeiten, da das Portfolio eine „strukturierte Selbstständigkeit" zulässt. So wäre z.B. auch ein Portfolio zum Thema „Bewerbung" denkbar.

Selbst- und Fremdeinschätzung

100 Selbsteinschätzung

Leistungsbewertung sollte von Anfang an eine Rolle spielen. Dabei kommt es jedoch nicht unbedingt auf eine Lehrereinschätzung an. Viel wichtiger ist es, dass Schüler lernen, sich selbst im Kontext der anderen einzuschätzen.

Ziele

Durch den Prozess des Vorstellens und Reflektierens über eigene Arbeiten sowie über die der Mitschüler sind die Schüler Beurteilungen gewohnt und entwickeln ein sehr genaues Gefühl für die richtige Leistungsbewertung – und zwar eines, das sowohl der individuellen Entwicklung als auch dem Anspruch der Leistungsnorm gerecht wird (Peschel 2011a, S. 185).

Vorbereitung

Die Schüler können, wenn gewollt, ein eigenes Bewertungssystem entwickeln.

So geht's

Tägliche Selbsteinschätzung
Im Kreis reflektieren die Schüler ihre Produkte und Tagesleistungen. Zuerst äußert sich ein Schüler über seine Arbeit und formuliert eine Einschätzung. Anschließend nimmt er andere Schüler an die Reihe, die seine Leistung einschätzen. In einem nicht so offenen Unterricht können Sie dann abschließend Ihre Einschätzung abgeben, während bei großer Offenheit alle Schüler gemeinsam über die Note abstimmen (Peschel 2011a).

Halbjährliche Selbsteinschätzung
Am Ende eines Halbjahres schreibt jeder Schüler sich selbst ein Zeugnis. Dieses bietet eine Gesprächsgrundlage über seine Leistungen. Das Ergebnis aus diesem Gespräch sowie Ihre im Laufe des Halbjahres angefertigten Notizen bieten die Grundlage für ein Lerngutachten. Am Ende des Gesprächs kann auch ein Lernvertrag (vgl. Idee 97) stehen.

Tipps

Wenn von Anfang an die Selbsteinschätzung erfolgt, werden Schüler sehr schnell und differenziert lernen, sich und andere einzuschätzen.

Unterrichtskonzepte für geöffnetes und offenes Arbeiten

Ideen 101–111

> Die folgenden Konzepte werden nur kurz vorgestellt, da es über sie schon viel Literatur gibt und besonders die Ideen 101 bis 107 recht bekannt sind.
>
> Die Konzeptideen sollen lediglich als Bausteine verstanden werden, aus denen Sie sich Ihr eigenes Konzept zusammenstellen. Zu den meisten Konzepten gibt es unzählige Varianten, hier können jedoch nur Grundlagen behandelt werden. Wichtig ist, dass Sie bei allen Konzepten kreative Aufgaben stellen, die die Schüler zum Handeln anregen und unterschiedliche Sozialformen fordern. Wenn Sie lediglich verschiedene Arbeitsblätter anbieten, handelt es sich nicht um eine wirkliche Öffnung – das kann auch im frontalen Lehrgangsunterricht geschehen.
>
> Ideen für offene Aufgaben finden Sie im Kapitel „Offene Aufgaben".

101 Tagesplan

Der Tagesplan eignet sich besonders, wenn Sie damit beginnen, Ihren Unterricht zu öffnen. Nach und nach können Sie vom Tagesplan zum Wochenplan übergehen. Der Tagesplan öffnet den Unterricht vorwiegend in der organisatorischen und methodischen Dimension. Der Inhalt ist meist vorgegeben, kann allerdings durch entsprechende Aufgaben leicht geöffnet sein.

Ziele

Ziel ist die Differenzierung und Förderung des selbstständigen Arbeitens durch einen individuellen Tagesplan. Die Schüler erlangen im eigenständigen Arbeiten Sach- und Methodenkompetenzen. Durch den Einsatz verschiedener Sozialformen werden soziale Kompetenzen gestärkt.

Vorbereitung

Geben Sie jedem Schüler eine individuelle Aufgabenübersicht. Bereiten Sie alle Aufgaben sorgfältig vor, und stellen Sie ggf. zusätzliche Materialien zur Bearbeitung der Aufgaben bereit.

Unterrichtskonzepte für geöffnetes und offenes Arbeiten

🎯 So geht's

In speziell gekennzeichneten Stunden oder den gesamten Tag über bearbeiten die Schüler die Aufgaben ihres Tagesplans. Dabei dürfen sie die Reihenfolge sowie ggf. den Arbeitsort, die Sozialform und die Materialien frei bestimmen. Ist eine Aufgabe erledigt, vermerken die Schüler dies auf dem Tagesplan und auf einem Übersichtsbogen, der im Klassenraum aushängt. Die Aufgaben kontrollieren entweder die Schüler selbst, andere Schüler oder Sie.

✏️ Tipps

Wählen sie kreative Aufgaben und nicht nur Arbeitsblätter aus Arbeitsheften.

102 Wochenplan

Der Wochenplan ist wohl eine der geöffneten Methoden, die am weitesten verbreitet ist. Dementsprechend gibt es viele unterschiedliche Varianten.

👑 Ziele

Die Schüler sollen von ihrem individuellen Standpunkt aus gefördert werden. Mit Hilfe eines Übersichtsplans bearbeiten sie ihre Aufgaben eigenständig und erlangen so Sach- und Methodenkompetenzen. Benötigt ein Schüler Hilfe, sucht er sich erst Rat bei einem Mitschüler. Dadurch sowie durch die Arbeit in unterschiedlichen Sozialformen, werden Selbstständigkeit und soziale Kompetenzen gefördert. Es ist auffällig, dass die Öffnung des Unterrichts häufig in den unteren Klassen angebahnt, dann jedoch nicht weitergeführt wird. Um dem entgegenzuwirken, schlagen schon Brügelmann und Brinkmann (1998, S. 57ff.) eine zunehmende Öffnung des Wochenplanes im Laufe der Schuljahre vor. Auch ich präferiere diesen Zuwachs an Selbstorganisation und Selbstständigkeit (s. Beispiele nächste Seite).

👓 Vorbereitung

Geben Sie jedem Schüler einen Übersichtsplan mit den einzelnen Aufgaben. Zusätzlich können Sie im Klassenraum noch eine Gesamtübersicht aushängen. So können die Schüler ihr Arbeitspensum miteinander vergleichen.

Unterrichtskonzepte für geöffnetes und offenes Arbeiten

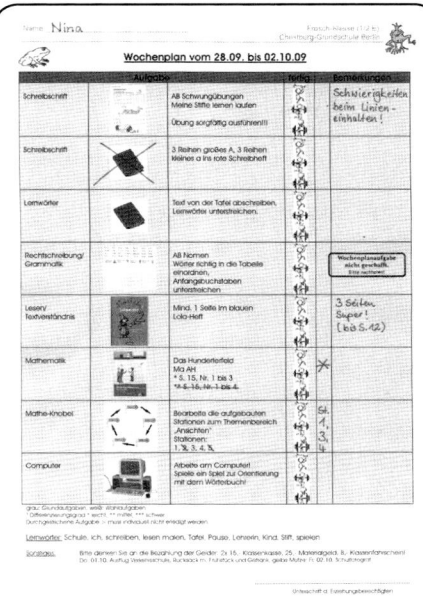
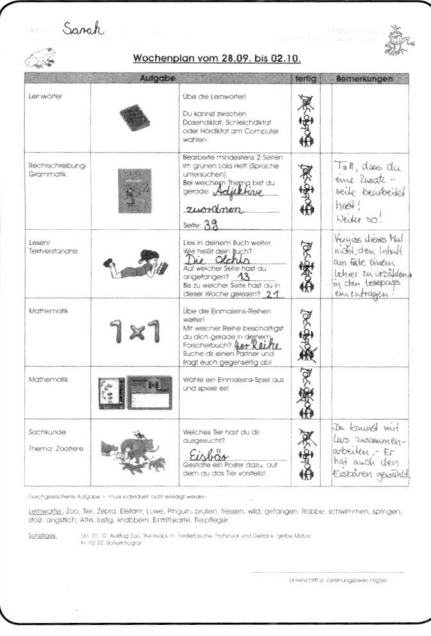
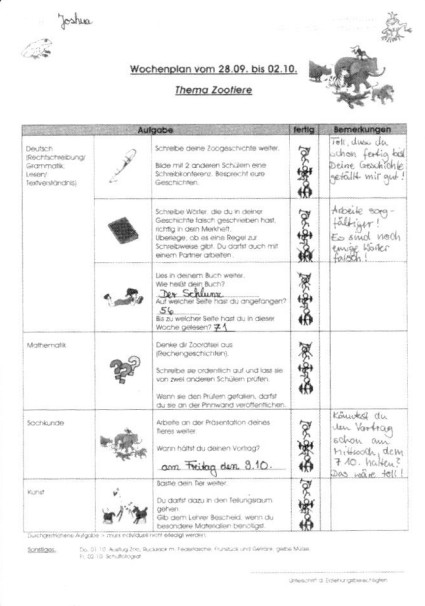
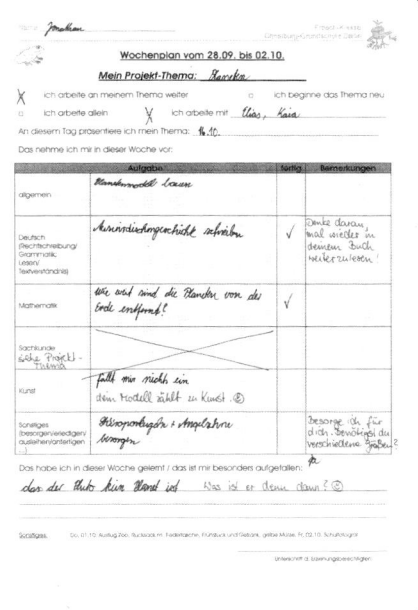

Wochenpläne mit ansteigender Selbstorganisation

Organisationstipps und Methoden für den Schulalltag 175

Unterrichtskonzepte für geöffnetes und offenes Arbeiten

So geht's

Die Schüler bearbeiten ihren Plan in einem bestimmten Zeitraum in dafür festgelegten Stunden. Dabei dürfen sie die Reihenfolge der Aufgaben frei wählen. Diese sollten aus verschiedenen Lernbereichen stammen. Es gibt Varianten, die die Aufgaben in Pflicht- und Wahlaufgaben unterteilen. In meinen Wochenplänen sind alle Aufgaben Pflicht. Wer mit den Pflichtaufgaben fertig ist, hat eine echte, freie Wahlmöglichkeit und darf sich seinem Interesse nach beschäftigen. Wichtig ist, dass die Art der Aufgaben sowie die Sozialform, in der die Aufgaben bearbeitet werden sollen, variiert. Wählen Sie kreative Aufgaben. Ein Wochenplan, der fast nur aus Arbeitsblättern besteht, ist ein versteckter Lehrgangsunterricht. Nutzen Sie dabei nicht nur den Klassenraum, sondern, je nach Möglichkeit, auch angrenzende Räume, den Flur oder Schulhof.

Differenzierung

Der große Vorteil des Wochenplans liegt in der Differenzierbarkeit. Achten Sie jedoch darauf, dass der planerische Aufwand bewältigbar bleibt und in Relation zum Ergebnis steht. Wählen Sie daher möglichst viele Aufgaben, die eine natürliche Differenzierung zulassen. In meiner Anfangsphasenklasse arbeite ich mit zwei „Grundplänen", einem leichteren und einem schwereren. Für jeden Schüler verändere ich einen dieser Grundpläne: Es werden Aufgaben gestrichen oder es kommen Aufgaben hinzu. Teilweise differenziere ich die Aufgaben noch in sich selbst oder wähle offene Aufgaben, sodass jeder Schüler individuell auf seinem Niveau arbeiten kann. Mit Schülern, die mit dem Gesamtsystem überfordert sind, lege ich einen Arbeitsplan fest. Wir vereinbaren, welche Aufgabe an welchem Tag bearbeitet wird.

Kontrollmöglichkeiten

Es gibt verschiedene Möglichkeiten, die Schülerarbeiten zu kontrollieren. Weit verbreitet ist die Selbstkontrolle durch die Schüler, z.B. im Sinne eines Chefsystems (vgl. Idee 12). Meiner Erfahrung nach übersehen jedoch gerade jüngere Schüler viele Fehler bzw. können bei halboffenen Antworten nicht einschätzen, ob die Antwort richtig ist.

Eine weitere Möglichkeit besteht darin, Aufgaben mit Selbstkontrolle zu stellen. Das Materialangebot in diesem Bereich ist jedoch beschränkt. Ich präferiere bei den meisten Aufgaben eine Kontrolle durch den Lehrer. Dazu arbeite ich mit einem Ablagesystem: Eine erledigte Aufgabe kommt in den „Fertig"-Ablagekorb. Nach Unterrichtsschluss korrigiere ich die abgegebenen Arbeiten.

Unterrichtskonzepte für geöffnetes und offenes Arbeiten

Sind sie zufrieden stellend bearbeitet, lege ich sie in den „Hefter"-Ablagekorb, den die Schüler am nächsten Tag selbstständig leeren. Die Aufgaben heften sie dann ab. Bestehen noch Fragen zu den Aufgaben oder sind diese nicht richtig oder vollständig bearbeitet, lege ich sie in den „Fragezeichen"-Ablagekorb. Während die Schüler am Wochenplan arbeiten, kann ich Aufgaben aus dem „Fragezeichen"-Ablagekorb mit den entsprechenden Schülern (einzeln oder in kleinen Gruppen) besprechen.

Tipps

Achten Sie darauf, dass die Schüler sich wirklich untereinander helfen. Dadurch gewinnen Sie Zeit, sich mit einzelnen Schülern oder kleinen Gruppen zu beschäftigen.

103 Stationsarbeit

Ursprünglich stammt die Stationsarbeit aus dem Sportunterricht und eignet sich eher zum Üben von Lerninhalten als zur Erarbeitung neuer Inhalte.

Ziele

Die Schüler sollen erlernte Inhalte festigen. An verschiedenen Stationen erfahren sie unterschiedliche Zugänge zum Thema. Das selbstständige Arbeiten wird gefördert. Durch die Arbeit an den Stationen und die häufigen Wechsel sind die Schüler in Bewegung und arbeiten handlungsorientiert.

Vorbereitung

Bauen Sie verschiedene Stationen zu einem Themenkomplex im Klassenraum auf, z.B. in **Mathematik** (Zahlenraum bis 10 …, die Uhr, Körper, Flächen, Arbeit mit dem Zirkel), **Deutsch** (Wortarten, Wörter mit Doppelkonsonanten, die Fälle, verschiedene Textsorten), **Fremdsprachen** (Zeitformen, Präpositionen), **Biologie/Nawi** (die Wiese, der Körper, Sinnesorgane, Obst, schwimmen und sinken, Wasser, Erste Hilfe …).

Stellen Sie daher genügend Platz und genügend Materialien zur Verfügung, dass ca. vier bis fünf Schüler gleichzeitig arbeiten können.

Unterrichtskonzepte für geöffnetes und offenes Arbeiten

🎯 So geht's

Wie beim Zirkeltraining im Sportunterricht trainieren die Schüler über eine festgelegte Zeitspanne an einer Station. In der ursprünglichen Variante wechseln die Schüler auf ein akustisches Signal hin zur nächsten Station.

Meist werden allerdings Varianten durchgeführt: Dabei kann z.B. der Wechsel frei erfolgen, nachdem die Aufgabe beendet wurde. Auch die Reihenfolge der Aufgaben ist häufig nicht streng vorgegeben (s.u.).

Die Aufgaben sollten abwechslungsreich und handlungsorientiert gestaltet sein. Es ist möglich, die Sozialformen zu variieren und zwischen Wahl- und Pflichtaufgaben zu unterscheiden. Eine Stationsarbeit sollte mindestens über zwei Stunden gehen. Schließen Sie sie mit einer Reflexion ab.

✏️ Tipps

Stationsarbeiten eignen sich sehr gut für den Fremdsprachenunterricht in höheren Klassen, da die Schüler hier erlernte Inhalte üben können. Eine andere Möglichkeit wäre, dass die Schüler im Fremdsprachenunterricht Redeaufträge erhalten und diese an verschiedenen Stationen trainieren.

104 Lerntheke

Die Lerntheke ist eine Abwandlung der Stationsarbeit. Sie folgt allerdings nicht so strengen Vorgaben.

👑 Ziele

Wie bei der Stationsarbeit sollen mit Hilfe einer Lerntheke Inhalte gefestigt werden. Die Schüler bewegen sich durch das Aufstehen, um sich Arbeitsaufträge zu holen. Die Selbstorganisation wird geübt, und die Schüler können in ihrem individuellen Tempo arbeiten.

👓 Vorbereitung

Legen Sie das Material für die einzelnen Arbeitsaufträge auf Tischen (entlang einer Theke) aus. Die Schüler nehmen sich die entsprechenden Materialien und arbeiten an ihrem Arbeitsplatz oder an einem anderen gewählten Ort.

Unterrichtskonzepte für geöffnetes und offenes Arbeiten

🎯 So geht's

Die Schüler gehen an die Lerntheke, informieren sich über die Aufgabenstellung und nehmen sich Materialien, um die Aufgabe an ihrem Platz zu lösen. Die Reihenfolge der Aufgabe bestimmen sie selbst. Zudem kann in unterschiedlichen Sozialformen gearbeitet werden. Für eine Gruppen- oder Partnerarbeit verlassen die Schüler ihren Arbeitsplatz und suchen sich z.B. eine Ecke im Klassenraum oder den Flur. Auch bei der Lerntheke können Sie zwischen Wahl- und Pflichtaufgaben unterscheiden.

Der zeitliche Rahmen sollte eine Doppelstunde nicht unterschreiten, da die Schüler sonst nicht genügend Zeit zur Bearbeitung der Aufgaben haben. Eine Reflexionsphase zur Lerntheke, dem Arbeitsverhalten und der Einhaltung der Regeln schließt die Arbeit ab.

✏️ Tipps

Auch diese Idee ist für alle Klassenstufen geeignet. Themen, die sich für die Stationsarbeit eignen, können ebenso an der Lerntheke eingeübt werden.

Der Vorteil gegenüber der Stationsarbeit ist, dass die Schüler ihrem eigenen Rhythmus folgen können. Außerdem ist unterrichtsorganisatorisch meist die Arbeit am eigenen Arbeitsplatz einfacher durchführbar.

105 Werkstattunterricht

Jürgen Reichen prägte den Begriff des Werkstattunterrichts. Das Konzept beschreibt einen Unterricht, der der Arbeit in einer Werkstatt gleicht (vgl. **www.heinevetter-verlag.de/10/wu01.pdf**):

... In einer Werkstatt wird gearbeitet --> Die Schüler arbeiten im Unterricht.
... Nicht alle Mitarbeiter machen das Gleiche. --> Die Schüler arbeiten an verschiedenen Themen.
... In einer Werkstatt arbeiten einige alleine, andere arbeiten zusammen
  → Im Unterricht wird in Einzel-, Partner- und Gruppenarbeit gearbeitet.
... Nicht überall arbeitet der Meister mit. --> Die Schüler arbeiten in weiten Teilen selbstständig ohne Lehrer.

Unterrichtskonzepte für geöffnetes und offenes Arbeiten

👑 Ziele

Werkstattunterricht nimmt durch einen hohen Aufforderungscharakter die Neugier des Schülers auf und hilft ihm, dem eigenen Interesse und dem eigenen Lerntempo folgend, zu arbeiten. Er fördert die Selbsttätigkeit und Initiative des Schülers. Durch verschiedene Wahlmöglichkeiten ist eine hohe Individualisierung gewährleistet.

👓 Vorbereitung

Ähnlich wie beim Wochenplan bereiten Sie verschiedene Aufgaben und Lernarrangements vor. Die Aufgaben sollten möglichst vielseitig und kreativ sein sowie unterschiedliche Sinneskanäle ansprechen.

🎯 So geht's

Wie auch bei den anderen vorgestellten Konzepten gibt es eine Reihe von Varianten des Werkstattunterrichts. Der ursprüngliche Werkstattunterricht von Jürgen Reichen ist fächerübergreifend angelegt. Dabei finden sich eine Vielzahl verschiedener Aufgaben, wie z.B. Arbeitsblätter zu Sprache und Mathematik, Lernspiele, die allein oder gemeinsam gelöst werden, Sachunterrichts-Aufgaben, wie kleine Versuche oder Sachaufgaben mit Größen, oder künstlerisch-musische Arbeitsaufträge. Als Variante werden jedoch auch gerne themengebundene Werkstätten genutzt. Besonders der Verlag an der Ruhr hat sich auf Werkstätten zu den unterschiedlichsten Themen in den unterschiedlichsten Klassenstufen spezialisiert. Diese Werkstätten haben ein Baukastensystem, d.h., sie können nach individuellem Bedarf genutzt werden.

Die Themenwerkstätten beziehen sich nicht nur auf den Grundschulbereich. Auch für den Fremdsprachen- oder Literaturunterricht sind sie geeignet.

Der zeitliche Rahmen einer Werkstatt kann unterschiedlich sein: Es ist möglich, sie im Fachunterricht in Einzelstunden über mehrere Wochen laufen zu lassen. Genauso gut kann ein Tag in der Woche – oder aber auch ein bis zwei Wochen lang jeden Tag – an der Werkstatt gearbeitet werden.

Durchführung

Geben Sie jedem Schüler einen Übersichtsbogen, auf dem alle Aufgaben verzeichnet sind. Meist gibt es Wahl- und Pflichtaufgaben in verschiedenen Differenzierungen. Ergänzend werden offene Aufgaben gestellt. Je nachdem,

Unterrichtskonzepte für geöffnetes und offenes Arbeiten

inwieweit die Schüler geöffnetes Arbeiten gewöhnt sind, kann entweder ein zugeteilter Individualunterricht, in dem die Aufgaben weitgehend festgelegt sind, ein Angebotsunterricht mit Wahlmöglichkeiten oder freie Schülerarbeit stattfinden. Erledigte Aufgaben kennzeichnen die Schüler auf dem Übersichtsbogen und sammeln Arbeitsblätter in einem Werkstatthefter. Am Ende der Werkstatt sollte eine Präsentation und Auswertung der Werkstatt stehen.

Kontrollmöglichkeiten

Reichen hat für seine Werkstätten das „Chefsystem" etabliert. Es fördert den Lernaustausch und stärkt die Sozialkompetenzen. Jeder Schüler übernimmt für ein Lernangebot die Rolle des „Chefs", d.h., er ist für die Aufgabe verantwortlich. Dies betrifft folgende Dimensionen:

Der „Chef"
- ... hilft bei Schwierigkeiten,
- ... verwaltet und beschafft ggf. Materialien,
- ... kontrolliert, wer die Aufgabe bearbeitet, und führt darüber eine Liste,
- ... erinnert Schüler, die mit ihrer Aufgabe im Verzug sind und
- ... kontrolliert die fertigen Aufgaben der Mitschüler.

Neben der Entlastung des Lehrers fördert die Aufgabendelegation das Selbstvertrauen und die Selbstständigkeit. Wichtig dabei ist, dass jeder Schüler in einem Bereich oder für eine Aufgabe „Chef" sein kann, damit eine Chancengleichheit besteht und sich kein Schüler benachteiligt fühlt.

 **Tipps**

Reichen stellt die These auf, dass Werkstattunterricht nur gelingt, wenn die folgenden drei Punkte beachtet sind:

- ... Es muss eine Vielfalt und didaktische Präzision der Lernangebote und Materialien vorhanden sein.
- ... Die Unterrichtsorganisation muss übersichtlich sein.
- ... Der Lehrer muss sich zurückhalten und zum Beobachter und Lernbegleiter werden.

Unterrichtskonzepte für geöffnetes und offenes Arbeiten

106 Freiarbeit/Freie Arbeit

Freiarbeit oder Freie Arbeit geht auf Reformpädagogen, insbesondere Celestin Freinet, zurück. Auch mit Maria Montessori wird der Begriff häufig in Verbindung gebracht, obwohl sie ihn selbst nie verwendete. Es gibt verschiedene Varianten. Nur selten wird die radikale Variante durchgeführt. Häufiger wird die materialzentrierte oder eine ähnliche Variante eingesetzt.

Ziele

In der Freiarbeit arbeiten die Schüler interessenorientiert. Dadurch wird die Motivation erhöht. Auf Grund der Individualisierung wird maximal differenziert. Das eigenverantwortliche Lernen wird gefördert. Insbesondere bei der Planung der Arbeit sowie der Informations- und Materialbeschaffung strukturieren die Schüler selbstständig den Lernprozess. Durch die Arbeit in verschiedenen Sozialformen wird die soziale Interaktion unterstützt.

Vorbereitung

Bereiten Sie den Raum entsprechend der Variante von Freiarbeit, die Sie wählen, vor. Stellen Sie bei jeder Variante Materialien als Werkzeuge zur Bearbeitung von Aufgaben zur Verfügung.

So geht's

Radikale Variante
Die radikale Variante versteht sich auf jeden Fall als Unterrichtsprinzip und ist nicht in einzelnen Stunden oder Phasen durchführbar. Sie zeichnet sich durch die Aufhebung des normalen Unterrichts aus. Die Schüler haben Freiheiten in nahezu allen Dimensionen (Organisation, Methodik, Inhalt). Lediglich die soziale Dimension ist, in Form von vorgegebenen Regeln, nicht berücksichtigt.

Im Extremfall kann ein Schüler selbst entscheiden, ob er „beschult" werden möchte oder nicht. An einigen Freien Schulen können die Schüler entscheiden, wann sie lernen wollen. In einzelnen Räumen stehen ihnen Lernberater zur Verfügung. Mit ihnen können sie „Verabredungen" vereinbaren und bestimmte Inhalte besprechen. In den Räumen sind viele unterschiedliche Materialien und Werkzeuge zum Thema vorhanden, sodass die Schüler sich selbstständig mit den Themen, die sie interessieren, beschäftigen können. Schulbücher gibt es nicht. Auch verpflichtende gemeinsame Phasen sind

Unterrichtskonzepte für geöffnetes und offenes Arbeiten

nicht vorgesehen. Eine Bewertung erfolgt verbal in regelmäßigen Entwicklungsberichten. Die Beschreibung eines Tagesablaufs findet sich auf **www.freie-schule-in-berlin.cidsnet.de/s_tage.html**.

Materialzentrierte Variante

Diese Variante wird häufiger genutzt. Sie ist insbesondere bekannt durch Maria Montessori und ihr so genanntes „Material für die Freiarbeit". Es ist möglich, diese Variante nur in einzelnen Stunden anzuwenden. Dabei haben die Schüler die Entscheidungsfreiheit hinsichtlich des Zeitrahmens, wann und wie lange sie sich mit einem bestimmten Inhalt befassen, der Sozialform sowie der Methoden und Materialien, die sie nutzen. Strukturieren Sie für diese Variante den Klassenraum mit anregenden Materialien zu bestimmten Themen. Die Schüler wählen anschließend, womit sie sich beschäftigen. Orientieren Sie die Inhalte an den Interessen und der Lebenswelt der Schüler. Auf Grund der Vorstrukturierung lenken Sie trotzdem das Interesse auf bestimmte Inhalte. Ziehen Sie sich innerhalb des Lernprozesses zurück, und werden Sie so zum Lernbegleiter. Anders als bei der oben beschriebenen radikalen Variante wird vom Schüler erwartet, dass er sich mit den Materialien beschäftigt und dass er ein Thema zu Ende führt. Gemeinsame Phasen, in denen Themen besprochen und Arbeitsergebnisse vorgestellt werden, sind fester Bestandteil des Konzeptes.

Weitere Varianten

Es gibt einige weitere Methoden und Konzepte, die ebenfalls zur Freiarbeit gezählt werden können, sich aber durch andere Charakteristika oder ihre spezielle Form oder Vorgehensweise abheben. Diese Varianten stelle ich als eigenständige Ideen vor. Dazu gehören:
... eigenständige Arbeit am selbstgewählten Thema (vgl. Idee 28),
... Projektunterricht (vgl. Idee 107),
... Didaktik des weißen Blatts (vgl. Idee 110) sowie
... Didaktik der sozialen Integration (vgl. Idee 111).

Tipps

Je freier die Arbeit ist, umso größer muss die sie umgebende Struktur sein. Anderenfalls haben die Schüler keine Orientierungsmöglichkeit. Hilfen geben Planungsbogen (vgl. Idee 20) oder Lernwegkarten (vgl. Idee 19).

107 Projektunterricht

Die Wurzeln des heutigen Projektunterrichts gehen auf die Reformpädagogik zurück. John Dewey und sein Schüler William Heard Kilpatrick prägten das „Lerning by doing". Sie stellten die These auf, dass der Mensch aus der Erfahrung lernt und sein Denken und Tun nicht getrennt werden können. Für sie wurden alltägliche Probleme zu Projektideen. Ein Hauptanliegen des Projektunterrichts stellte die Schulung zu Demokratie und Gemeinschaft dar.

Ziele

Im Projektunterricht lernen die Schüler aus eigenem Interesse. Dadurch wird der Lerneffekt nachhaltiger. Die Schüler zeigen eine hohe Eigen- und Handlungsaktivität, da sie sich mit dem Stoff intensiv auseinandersetzen, Materialien beschaffen und ihr Vorhaben planen. Da Projekte meist interdisziplinär sind, wird das vernetzte Denken gefördert. Auf Grund der Selbstständigkeit und der Möglichkeit, in verschiedenen Sozialformen zu arbeiten, eignen sich die Schüler soziale Kompetenzen an.

Vorbereitung

Vorbereitung und Materialien variieren je nach Gestaltung des Projekts.

So geht's

Ursprüngliche Variante
Für Dewey und Kilpatrick stellte der Projektunterricht ein durchgängiges Unterrichtskonzept dar, das nicht durch andere Unterrichtsformen durchbrochen werden konnte. Während Dewey dem Lehrer noch eine zentrale Rolle bei der Projektfindung einräumte, versuchte Kilpatrick, den Schülern auch einen weitgehenden Freiraum bei der Ideenfindung zuzugestehen. Der Projektunterricht lässt sich in vier Phasen einteilen:
1. **Zielsetzung:** Hierbei entwickeln die Schüler eine Problemstellung, durch die sie neue Erfahrungen und Erkenntnisse erhalten.
2. **Planung:** Die Schüler entwickeln einen gemeinsamen Plan zur Lösung des Problems.
3. **Ausführung:** Die Schüler eignen sich das notwendige Wissen an. Sie diskutieren Lösungen und spielen sie gedanklich durch. Dazu können auch Modelle, Unterrichtsgänge, Rollenspiele oder Plakate genutzt werden.

4. **Auswertung:** Am Schluss erfolgt eine Präsentation. Anschließend werden die Erkenntnisse im praktischen Leben erprobt.

Heutige Variante

Häufig werden Projekte als „didaktisches Bonbon" in Form von Projektwochen oder Projekttagen in den regulären Unterricht im Schuljahresverlauf eingeschoben. Dabei gehen die Projektideen in den seltensten Fällen von den Schülern aus. Meist gibt es entweder Neigungsgruppen (Ritter, Dinosaurier, Frühling, Tanzen …), in denen Projektideen vorgegeben werden, oder es wird ein Projekttag zu einem bestimmten Thema (Kinder der Welt, Sinne, Märchen …) durchgeführt. Der Projektunterricht wird dadurch eher zu einer themenzentrierten Unterrichtsreihe.

Um echten Projektunterricht durchzuführen, sollten die Schüler möglichst selbstständig Projektideen entwickeln, ihr Projekt planen, durchführen und auswerten. Für dieses Vorgehen eignet sich der Planungsbogen aus Idee 20. Zudem sollten Projekte möglichst selbstverständlich in den Unterricht eingebunden werden, um den Schülern eine Routine in der Vorgehensweise zu ermöglichen.

Tipps

Gebrauchen Sie Projekte nicht als „Pausenfüller" vor den Ferien. Darunter leidet die echte Auseinandersetzung mit Themen.

108 Lernen durch Lehren (LdL)

Die Methode Lernen durch Lehren geht auf Jean-Pol Martin zurück, der sie Anfang der 1980er-Jahre in seinem Unterricht ausprobierte und einen großen Lernzuwachs und Kompetenzerweiterungen bei seinen Schülern erreichte. Bei dieser Methode vermitteln Schüler selbst ihren Klassenkameraden den Lernstoff. Dabei soll der Unterricht handlungsorientiert und aktiv sein. Es geht also nicht darum, ein Referat zu halten.

Ziele

Lernen durch Lehren vermittelt eine Reihe von Schlüsselkompetenzen. Die Schüler setzen sich sehr intensiv mit dem Lernstoff auseinander. Dadurch entwickeln sie eine hohe Sachkompetenz. Gleichzeitig erlangen sie durch

Unterrichtskonzepte für geöffnetes und offenes Arbeiten

die Vermittlung des Stoffes Selbstbewusstsein und soziale Kompetenzen, da sie mit ihren Mitschülern interagieren. Die Kommunikationsfähigkeit steigt. Die Schüler arbeiten selbstständig und handlungsorientiert.

Vorbereitung

Lernen durch Lehren sollte schrittweise eingeführt werden. Trainieren Sie zu Beginn mit den Schülern, hören Sie sich gegenseitig zu, auch wenn etwas nicht gleich klappt, sprechen Sie deutlich, und achten Sie besonders auf die Qualität der Beiträge. Auch der freundliche und höfliche Umgang sollte vor Beginn noch einmal thematisiert werden.

So geht's

Teilen Sie den Stoff in zu bearbeitende Abschnitte ein. Die Schüler finden sich in Lerngruppen von etwa drei Schülern zusammen. Die Gruppen bereiten ihr Thema didaktisch auf, um den Mitschülern den Stoff zu vermitteln. Zwei Schüler moderieren die Stunde. Sie rufen die Arbeitsgruppen zur Darbietung des neuen Stoffes auf und lenken die Übungsphase. Zu Beginn findet die Vorbereitungsphase im Unterricht statt. Stehen Sie dabei den Schülern beratend zur Seite. Sind die Schüler in höheren Klassenstufen mit der Methode vertraut, kann die Vorbereitungsphase auch auf die häusliche Arbeit übertragen werden. Wenn nötig, greifen Sie ergänzend ein, geben Impulse oder werfen neue Fragestellungen auf. Ebenso ist es Ihre Aufgabe, die schriftlichen Arbeiten zu korrigieren. Es gibt auch vereinzelt Klassen, in denen die Schüler Korrekturen vornehmen.

Step by Step Einführung und Beispiel

Wie oben bereits erwähnt, sollten Sie damit beginnen, den Schülern eine kurze Unterrichtssequenz, z.B. eine Übungsphase, zu übertragen. Die Schüler denken sich dazu Beispielaufgaben aus, planen ein Quiz o.Ä. Nach ein paar Wochen können Sie den Schülern anspruchsvollere Aufgaben übertragen. Dies kann z.B. die Vorstellung eines Gedichtes, Textes oder eines Grammatikkapitels sein. Die Planungsphase erfolgt im Unterricht, damit Sie den Schülern ggf. Unterstützungen geben können. Anschließend erfolgt die Präsentation. Dabei sollten Sie sich möglichst im Hintergrund halten.

Nun wird die Stoffmenge schrittweise immer mehr erweitert, und größere Bereiche werden an die Schüler übertragen.

Unterrichtskonzepte für geöffnetes und offenes Arbeiten

Im letzten Schritt übernehmen die Schüler komplexe Aufgaben. Demzufolge können sie z.B. Diskussionen leiten, Arbeitsblätter erstellen, Textinterpretationen durchführen oder thematischen Einheiten erstellen.

Beispiel
1. Einstieg
   Die leitenden Schüler stellen das Thema vor und führen ein Brainstorming durch, in dem die Mitschüler äußern, was sie schon über das Thema wissen. Die Fakten des Brainstormings werden durch Fragen, die die Schüler zum Thema haben, ergänzt und in einer Mind-Map festgehalten.
2. Erarbeitungsphase
   In Kleingruppen erarbeiten die Schüler arbeitsteilig Themenbereiche oder unterschiedliche Aufgaben zum Thema. Im Gegensatz zur arbeitsteiligen Gruppenarbeit am gemeinsamen Thema (vgl. Idee 27) referieren die Schüler das Thema nicht nur, sondern überlegen sich, wie sie den Schülern die Inhalte am besten verständlich machen können. Dazu entwerfen sie Arbeitsblätter oder andere Unterrichtsmaterialien.
3. Präsentationsphase
   Die Schüler präsentieren ihre erarbeiteten Themenbereiche. Halten Sie sich dabei im Hintergrund, und greifen Sie nur ein, wenn die Schüler dies fordern oder wenn es zu unruhig wird.

Tipps

Der Unterricht sollte kontinuierlich reflektiert werden. Neben der üblichen stoffbezogenen Reflexion sollten auch eine Prozessevaluation und eine Methodenreflexion erfolgen.

109 „Didaktik der Kernideen" – Reisetagebücherunterricht (Dialogisches Lernen)

Diese Idee wurde von Urs Ruf und Peter Gallin, zwei Schweizer Oberschullehrern, Anfang der 1980er-Jahre entwickelt und umgesetzt. Mittlerweile ist sie auch in Grundschulklassen anzutreffen. Die Didaktik der Kernideen entstammt dem Dialogischen Lernen. Das bedeutet, die Schüler sollen sich auf einen Dialog mit dem Stoff einlassen. Dabei haben sie eine völlig freie Wahl des Lernweges und der Methodik.

Unterrichtskonzepte für geöffnetes und offenes Arbeiten

♛ Ziele

Das Dialogische Lernen fördert die intensive, interessenzentrierte und individuelle Beschäftigung mit dem Lernstoff. Die intrinsische Motivation der Schüler steigt. Dadurch wird der Lerneffekt nachhaltiger. Nicht das fertige Produkt, sondern der Prozess der Produktfertigung steht im Mittelpunkt. Für die Bewertung bedeutet dies, dass sich Gelungenes bewusst gemacht und Qualitäten auf dem Weg zum Produkt gesucht werden sollen. Defizite rücken in den Hintergrund.

👓 Vorbereitung

Versuchen Sie, mit einem möglichst spannenden Anfangsimpuls, der Kernidee, die Schüler für das Thema zu motivieren. Die Kernidee wird von einem Auftrag unterstützt. Zu Beginn der Arbeit ist es außerdem wichtig, die Schüler mit dem Führen des Reisetagebuches vertraut zu machen.

Kernidee

Die Kernidee ist das Herzstück des Unterrichts. Sie ist ein stoffbezogener Impuls, der die individuelle Auseinandersetzung mit dem Stoff fordert und fördert. Kernideen sollen Fragen wecken und auf Unstimmigkeiten in der Erfahrungswelt des Schülers aufmerksam machen. Beispiele finden Sie hier: www.lerndialog.uzh.ch/documents/examples.html.

Auftrag

Aufträge sollten offen, im ersten Teil für alle erfüllbar und anspruchsvoll sein. Der zweite Teil der Aufgabe sollte so weit motivieren, dass auch erfahrene Schüler oder Experten herausgefordert werden. Auf diese Weise werden unterschiedliche Begabungen gefordert und gefördert. Ein Beispiel dazu findet sich im folgenden Abschnitt „So geht's" oder unter dem o.g. Link.

🎯 So geht's

Nachdem die Schüler die Kernidee in Form der Aufträge erhalten haben, bearbeiten sie diese individuell. Dabei sind sie verpflichtet, ihre Gedanken, Versuche, Erfahrungen und Ideen in einem Buch aufzuschreiben. Dementsprechend werden folgende Gliederungspunkte erwartet: Thema und Art der Herangehensweise, eigene Denk- und Vorgehensweise, zeitlicher Verlauf der Bemühungen, Dauer und Unterbrechungen, Ergebnisse und offene Fragen.

Unterrichtskonzepte für geöffnetes und offenes Arbeiten

Danach erfolgt die Rückmeldung auf zwei Arten:

... Die Einträge im Reisetagebuch werden von Ihnen mit Häkchen kommentiert. Dabei stehen Qualitäten und nicht Defizite im Vordergrund. (ein Haken: erfüllt, zwei Haken: gut erfüllt, drei Haken: außergewöhnlich).
... Fassen Sie gelungene Passagen aus Reisetagebüchern in einem Ich-Du-Wir-Buch zusammen. Es repräsentiert das Gemeinsame bzw. Unterschiedliche und zeigt damit den Lernprozess der Klasse auf.

Zur besseren Veranschaulichung erläutere ich die Idee am Beispiel „Einen Prüfungsaufsatz verfassen" (vgl. Ruf u.a. 2008, S. 111ff.). Die Schüler werden gleich zu Beginn mit dem Problem konfrontiert: Sie sollen eine Geschichte erfinden, die zu einem vorgegebenen Bild passt.

1. Kernidee und Auftrag

Die Kernidee zum Thema lautet, dass die Schüler nicht nur daran denken sollen, WAS sie erzählen wollen, sondern auch, WIE sie erzählen. Der Einstiegsauftrag ist wie folgt formuliert:

Einen Prüfungsaufsatz verfassen

Kernidee für das Erzählen

Denk nie nur daran, WAS du erzählen willst, sondern denk immer auch daran, WIE du erzählen willst.

Erste Regeln zum WIE

1. Im ersten Satz steckt der Einfall zur Geschichte.
2. Die Zeit, über die du erzählst, soll möglichst kurz sein. Meist reichen fünf bis zehn Minuten im Leben deiner Hauptfigur.
3. Erzähle in der Rückschau, wenn du Zeit sparen willst.
4. Erzähle im Sekundenstil, wenn es spannend werden soll.
5. Erzähle, was die Person denkt und fühlt.
6. Erzähle, was die Person hört, sieht, riecht, ertastet oder schmeckt.

Auftrag

Du bekommst vier Aufsatzthemen.

1. Formuliere für jedes Thema einen guten Anfangssatz.
2. Erfinde für jedes Thema zwei bis drei Sätze, die eine Pointe, also eine Art Höhepunkt, sein könnten.
3. Formuliere für jedes Thema einen guten Schlusssatz.
4. Wähle jetzt ein Thema aus, zu dem du einen Text verfassen willst.

Unterrichtskonzepte für geöffnetes und offenes Arbeiten

2. Arbeit im Reisetagebuch
Ohne große vorherige Einleitung schreiben die Schüler den Aufsatz aus ihrem Vorwissen heraus.

3. Rückmeldung
Im Anschluss an diese Phase sammeln Sie die Texte ein und gehen sie nach dem Aspekt „Wie haben die Schüler ihr implizites Wissen genutzt und den Auftrag gelöst?" durch. Sowohl gelungene als auch entwicklungsfähige Passagen werden gekennzeichnet.

4. Neue Kernidee und Auftrag
Mit Hilfe der Auffälligkeiten in den Schülerarbeiten formulieren Sie einen neuen Auftrag:

Texte zu Bildern

Kernidee
Das Bild soll die Pointe des Textes sein.

Regeln
1. Alles, was man auf dem Bild sieht, muss auch im Text vorkommen.
2. Der Text ist – wie das Bild auch – eine Momentaufnahme. Die Zeit, über die erzählt wird, soll nur einige Minuten lang sein.
3. Die Figuren verlassen den Ort, den das Bild zeigt, nicht.
4. In Gedanken können sich die Figuren an jeden Ort und in jede Zeit versetzen.

Auftrag
1. Lies den Text von M. Wie wirkt er auf dich? Erzähle!
2. Passt der Text zur Kernidee? Erkläre!
3. Welche Regeln hat M. beachtet? Welche nicht? Bezeichne die Textstellen, und notiere deine Überlegungen.
4. Schreibe einen eigenen Text zum Bild. Beachte die Kernidee und die Regeln. Du darfst die Ideen von M. benutzen.

Nachdem die ersten drei Teilaufträge erledigt sind, organisieren Sie einen mündlichen Austausch in der Klasse. Die Qualitäten, die die Schüler entdecken, werden an der Tafel festgehalten und in die Tagebücher übertragen.

5. Arbeit im Reisetagebuch

Anschließend verfassen die Schüler Geschichten mit Hilfe der neu gewonnenen Erkenntnisse.

6. Rückmeldung

Sehen Sie die Texte durch, und wählen Sie ein neues Musterbeispiel für die nächste Phase der Rezeption. In dieser Phase sollen die Schüler zuerst die besonders gelungenen Textstellen des Beispiels markieren und ihre Wahl im Reisetagebuch begründen. Anschließend werden die Textstellen im Klassengespräch unter der Leitfrage „Wie machst du es?" genauer untersucht. Die Ergebnisse werden an der Tafel festgehalten und von den Schülern ins Reisetagebuch übertragen.

Zusammenfassend lässt sich sagen, dass die Schüler sich in einem ersten Schritt im Vertrauen auf ihre eigenen Kräfte auf die Herausforderung eingelassen haben, eine Geschichte zu schreiben. Im zweiten Schritt wechselten sie die Perspektive und befassten sich mit gelungenen Texten anderer. Daraus wurden Strategien und Werkzeuge der Textgestaltung abgeleitet. In einem dritten Schritt wurde das neu erworbene Fachwissen zur Basis eines neuen Versuchs umgesetzt und noch einmal gemeinsam ausgewertet.

Tipps

Der Ansatz des Dialogischen Lernens ist sehr komplex. Dementsprechend ist es notwendig, sich tiefer gehend mit der Idee und Art von Kernideen zu befassen.

Auch eine Hospitation in einer Klasse, die dieses Unterrichtsprinzip vertritt, kann sehr förderlich für den Anstoß eigener Kernideen und die Umsetzung des Konzeptes sein.

110 Didaktik des weißen Blatts

Die Idee stammt von Hannelore und Helmut Zehnpfennig. Ein Schlüsselerlebnis bewegte die Grundschullehrerin dazu, über die Art ihres Unterrichts nachzudenken: Nachdem sie unzählige didaktische Materialien und Spiele für die Freiarbeit zusammengestellt, gebastelt und den Schülern angeboten hatte, wurde sie von einem Schüler gefragt, wann er denn auch mal etwas selber arbeiten könne. Seitdem begann sie, ihren Unterricht, ausgehend vom Sprachunterricht über den Sachkundeunterricht bis hin zu den meisten Fächern, schrittweise methodisch und inhaltlich zu öffnen (Peschel 2011a). Diese Öffnung des Unterrichts erfolgt in Form einer stoffbezogenen Mit- und Selbstbestimmung. Das leere Blatt fordert den Schüler in seiner Kreativität und seinem Denken heraus.

Ziele

Motivation und Nachhaltigkeit des Lernens werden verstärkt, weil der Lernstoff „echt", d.h. interessengeleitet, ist. Die Selbstständigkeit wird gefördert. Durch sie erlangen die Schüler hohe soziale Kompetenzen, da sie zusammenarbeiten, aufeinander eingehen und Rücksicht nehmen müssen.

Vorbereitung

Zur Durchführung sind erst einmal keine besonderen Vorbereitungen nötig. Der Klassenraum sollte so gestaltet sein, dass ein fester Sitzkreis eingerichtet ist oder zumindest schnell gestellt werden kann. Nehmen Sie die Rolle eines Lernbegleiters ein, der Impulse gibt, Schüler herausfordert und versucht, ihre Denkwege zu verstehen.

So geht's

Zu Beginn einer neuen Einheit steht der Besuch in der Bücherei. Jeder Schüler darf sich ein oder mehrere Sachbücher zu einem Thema auswählen. Dabei ist der Schwierigkeitsgrad nicht eingeschränkt. Es wurde sogar die Beobachtung gemacht, dass scheinbar „zu schwere" Bücher die Schüler ganz besonders herausfordern (Zehnpfennig/Zehnpfennig 1995).

In den darauffolgenden Tagen sitzen die Schüler an „ihren" Büchern und eignen sich das Wissen zu „ihrem" Thema an.

Unterrichtskonzepte für geöffnetes und offenes Arbeiten

Danach stellen die Schüler der Lerngruppe im Kreis das bearbeitete Thema vor. Wie dies geschieht, ist den Schülern überlassen. Geben Sie lediglich bei Bedarf Hilfestellungen bei Wort- oder Sacherklärungen.

Im Anschluss an die Vorstellung wird das Arbeitsergebnis dokumentiert. Dazu wird das Thema zusammengefasst auf einem Informationsblatt dargestellt und mit Illustrationen und Bildern, häufig aus dem Buch, ergänzt.

Die Schüler stellen die Arbeitsblätter vor und erörtern sie. Wenn die Mitschüler etwas an dem Informationsblatt nicht verstehen, korrigiert es der Verfasser oder gestaltet es um. Alle Blätter werden abschließend zu einem gemeinsamen Buch zusammengefasst.

Der Tagesablauf ist fest strukturiert. Nach einer offenen Anfangsphase treffen sich die Schüler im Kreis, der allerdings nicht obligatorisch ist. Hier werden Neuigkeiten ausgetauscht, Verabredungen getroffen oder Ergebnisse in verschiedenen Formen präsentiert (Peschel 2011, S. 116). Anschließend verabschieden sich die Schüler nach und nach aus dem Kreis, indem sie den anderen Schülern oder dem Lehrer ihre Vorhaben für den Tag schildern. Die erste Arbeitsphase dauert bis zur großen Pause. Innerhalb dieser Phase können die Schüler sich die Zeit frei einteilen. Auch die Pause kann individuell genutzt werden. Nach der Pause treffen sich alle Schüler, die dies wollen, wieder im Kreis, um ihre Arbeitsergebnisse vorzustellen. Dabei gibt es keine stoffliche Unterteilung. Mathematische Ergebnisse werden genauso vorgestellt wie eigene Geschichten oder Erfindungen. Im Anschluss an den Kreis können die Schüler für den Rest des Tages weiter an den Aufgaben arbeiten oder zur Entspannung lesen.

Tipps

Der Einstieg ist leichter, wenn Sie erst bestimmte Fachbereiche, z.B. den Sachkundeunterricht, auf diese Weise öffnen. Geben Sie sich Zeit für die Umstellung.

Schließen Sie an die Schülerpräsentation eine Würdigung und Reflexion der Arbeit an. Lassen Sie diese möglichst erst von den Schülern vornehmen, und ergänzen Sie die Beiträge.

Unterrichtskonzepte für geöffnetes und offenes Arbeiten

111 Didaktik der sozialen Integration

Bedingt durch mehrere sehr schwierige, teilweise als „lernbehindert" eingestufte Schüler führte Falko Peschel in seiner Klasse die „Didaktik der sozialen Integration" ein. Er versteht Integration und Inklusion als „Zusammenführung und Akzeptanz verschiedener Charaktere und Wesen" (Peschel 2011, S. 133).

Ziele

Die „Didaktik der sozialen Integration" soll eine größtmögliche Freiheit im unterrichtlichen sowie im sozialen Bereich ermöglichen. Es erfolgt eine Erziehung zur Demokratie durch demokratische Erziehung. Dadurch, dass sich die Schüler selbst Ziele für ihr Lernen und Leben setzen, wird eine Gemeinschaft gebildet, die Konflikte und Probleme konstruktiv bewältigt. Die stoffliche Arbeit ist selbsttätig, interessen- und handlungsorientiert. Die Schüler erlangen hohe soziale Kompetenzen und reifen zu mündigen Bürgern heran.

Vorbereitung

Die „Didaktik der sozialen Integration" benötigt eine längere Anlaufphase Zudem sollten Sie selbst prüfen und wissen, inwieweit Sie Ihren Unterricht sozial öffnen möchten oder können. Dazu sollten Sie sich folgende Fragen (Peschel 2011, S. 145) stellen:

... Wie stark soll die Klassenführung an die Schüler abgegeben werden?
... Welche Bereiche sollen konkret geöffnet werden?
... Welchen Grad der Öffnung hält man selber aus?
... Was lässt sich in der jeweiligen Klasse umsetzen?

So geht's

Auf Grund der Unterschiedlichkeit der sozialen Kompetenzen in Klassen und auf Grund der Verschiedenheit der Lehrerpersönlichkeiten ist es nicht möglich, ein fertiges Konzept vorzugeben. Dementsprechend müssen Sie sich selbst die oben genannten Fragen stellen und Mechanismen und Rituale zur Umsetzung etablieren. Es soll jedoch kurz vorgestellt werden, wie Falko Peschel die Offenheit umsetzt.

Inhaltlich ähnelt der Unterricht der „Didaktik des weißen Blatts", erweitert durch die Methode „Lesen durch Schreiben" (vgl. Idee 25) und das Projekt

Unterrichtskonzepte für geöffnetes und offenes Arbeiten

„Mathe 2000". Ich lege dementsprechend den Schwerpunkt auf die Beschreibung von Vorgehensweisen im sozialen Bereich.

Der Kreis ist der Mittelpunkt der Selbstverwaltung der Klasse. Im Kreis findet ein echter Austausch in Gesprächen und Diskussionen zur Bestimmung klasseneigener Normen und Regeln statt.

Der Tagesablauf ähnelt der Didaktik des weißen Blatts. Nach einer offenen Anfangsphase von ca. 40 Minuten ruft ein Schüler/Kreisleiter die Schüler in den Kreis. Möchte ein Schüler nicht am Kreis teilnehmen, fragt er den **Kreisleiter**, der entscheidet, ob er die Erlaubnis dazu bekommt. Der Kreisleiter ist für die Gesprächsführung zuständig. Er nimmt Wortmeldungen entgegen, achtet auf Zwischenfragen und bricht eventuell abschweifende Gespräche nach Rücksprache mit der Klasse ab. Im Kreis können die Schüler erzählen, Termine besprechen, Probleme klären, Regeln aushandeln und abstimmen, Arbeitsergebnisse vorstellen, Gruppenarbeiten organisieren und Ausflüge planen. Müssen Probleme innerhalb der Klasse oder mit anderen besprochen werden, kann der Kreisleiter bestimmen, dass der Kreis verpflichtend ist. Schüler und Lehrer haben **gleiche Rechte**, d.h., Sie melden sich genau wie die Schüler zu Wort. Sie können ggf. bei Entscheidungen auch überstimmt werden. Der Kreisleiter fragt am Schluss jeden einzeln, was er sich für den Tag vorgenommen hat. Während der folgenden Phase arbeiten die Schüler bis zur Hofpause an ihren Vorhaben. Die **Pause** kann zum Austoben auf dem Außengelände genutzt werden, muss aber nicht. Die Schüler können auch weiter arbeiten oder im Klassenraum pausieren. Danach wird der Kreis auf freiwilliger Basis weitergeführt. Nun können die Schüler Arbeitsergebnisse vorstellen. Es kann vorkommen, dass ein Kreis abgebrochen werden muss, weil es zu laut ist oder zu viele Schüler nicht teilnehmen und lieber arbeiten wollen. In diesem Fall entscheidet der Kreisleiter.

Am Ende des Schultages wird noch ein **Berichtskreis** durchgeführt, in dem die Schüler ihre Arbeitsergebnisse des Tages vorstellen. Während dieses Kreises fragt der Kreisleiter jeden Schüler einzeln, womit er sich den Tag über beschäftigt hat und wie er seine Tagesleistung einschätzt. Diese wird von einem „Tafelchef" mit Hilfe von ausgewählten Zeichen in einen Plan eingetragen. Die Mitschüler können diese Leistungen diskutieren. Oft geschieht es, dass die Schüler sich selbst kritischer einschätzen als ihre Mitschüler.
In diesem Fall wird das Zeichen zum Positiven verändert. Auch allgemeine Bewertungen werden auf diese Weise vorgenommen. Es fällt den Schülern wesentlich leichter, Kritik von Mitschülern anzunehmen als diese von Ihnen

instruiert zu bekommen. Fällt Ihnen etwas auf, melden Sie sich während des Kreises genau wie die Schüler und ergänzen Ihre Anmerkung (Peschel 2011, S. 128–138). Peschel beschreibt, dass er nicht erlebt hat, dass dieses Vorgehen auf Dauer missbraucht wurde, da die Schüler merken, dass der Umgang und ihre Freiheiten ehrlich und authentisch sind. Aus diesem Grund äußert er zwar Bedenken beim Vorgehen nach der Didaktik der sozialen Integration in Integrations- oder Lernbehindertenklassen, da die Umstände schwieriger sind, sieht jedoch kein anderes Konzept, in dem eine Integration von vornherein vorgenommen wird, weil die Segregation von „sich anders Verhaltenden" unterbleibt (ebd. S. 143–147).

Tipps

Es geht bei diesem Konzept keineswegs um eine Laissez-faire-Methode, sondern darum, die Potenziale der Schüler zu wecken und herauszufordern. Sie behalten Ihre Rolle als letztendlich Verantwortlicher für das Geschehen.

... noch mehr Tipps

Mir hilft es am meisten, meinen Unterricht kreativ und abwechslungsreich zu gestalten, indem ich eine Mischung aus Gesehenem, Gelesenem und selbst Erdachtem oder selbst Abgewandeltem zusammenstelle.

Aus diesem Grund stelle ich im Folgenden ein paar Schulen vor, die durch geöffnetes Arbeiten und kreative Ideen auffallen. Viele dieser Schulen bieten Möglichkeiten zur Hospitation an.

Auch bei Youtube finden sich einige Videos zu den Ideen (z.B. zum Szenischen Lernen, zur Didaktik der Kernideen usw.).

Wie immer gilt: Seien Sie kreativ, und finden Sie Ihren eigenen Stil!

Alternative Schulen
- Grundschule Harmonie
  www.grundschule-harmonie.de
- Bildungsschule Harzberg
  www.bildungsschule-harzberg.de
- Helene-Lange-Schule Wiesbaden
  http://helene-lange-schule.templ2.evision.net
- Laborschule Bielefeld
  www.uni-bielefeld.de/LS/laborschule_neu

Interessante Internetseiten zum Thema
- Internetquellen zu Lernzirkeln, Stationsarbeit und Lernwerkstätten
  www.zum.de/Faecher/D/BW/gym/lernzirkel
- Linkliste für selbstorganisiertes Lernen (SOL)
  http://lehrerfortbildung-bw.de/unterricht/sol/03_grundlagen/links
- Konstruktivistischer Methodenpool
  http://methodenpool.uni-koeln.de/index.html
- Ideensammlung zu Lernangeboten für den Werkstattunterricht im Anfangsunterricht
  www.heinevetter-verlag.de/10/wu01.pdf
- Freinet-Kooperative
  www.freinet-kooperative.de
- Umfangreiche Ideen- und Materialsammlung für die Grundschule
  www.wegerer.at
- Ideen- und Materialseite sowie Forum zum Austausch
  http://4teachers.de

Ideenfinder

| Nr. | Idee | für Klasse | besonders geeignet für | | Fächer | Aufwand | Seite |
			Inklusion[1]	SaPH			
Arbeits- und Sozialformen							
1	Frontalunterricht	alle	–	–	FÜ	+	13
2	Einzelarbeit	alle	–	–	FÜ	+	15
3	Partnerarbeit	alle	+	+	FÜ	+	16
4	Gruppenarbeit	alle	+	+	FÜ	+	17
5	Kreis (Plenum)	alle	+	+	FÜ	+	18
Unterrichtseinstiege							
6	Rätselhaftes und Seltsames	alle	–	–	FÜ	+	21
7	Kartenabfrage	ab 4	–	–	FÜ	+	22
8	Vier-Ecken-Methode	4–8	–	–	FÜ	+	23
9	W-Fragen	4–8	–	–	FÜ	+	24
10	ABC-Methode	1–8	–	–	FÜ	+	26
Soziales Lernen und Gruppenförderung							
11	Helferprinzip	alle	+	+	FÜ	+	27
12	Chefsystem	1–6	+	+	FÜ	+	28
13	Info-Schüler	ab 4	+	–	FÜ	+	29
14	Klassenrat	alle	+	–	FÜ	+	30
15	Schülerparlament	ab 3	+	–	FÜ	++	33
16	Erlebnispädagogik	alle	+	+	FÜ	versch.	34
Strukturieren des Lernstoffs und Erwerb von Methodenkompetenzen							
17	Strukturlegen	ab 3	–	–	FÜ	+	37
18	Mind-Map	ab 4	–	–	FÜ	+	38
19	Lernwegkarte	ab 4	–	–	FÜ	+	39
20	Planungsbogen	2–8	–	–	FÜ	+	41
21	5-Schritt-Lese-Methode	3–10	–	–	FÜ	+	43
22	Texte reduzieren	3–8	–	–	FÜ	+++	44
23	3er-Gespräch	4–8	–	–	FÜ	+	45
24	Kartenmemory®	3–8	–	–	FÜ	+	46

Ideenfinder

Nr.	Idee	für Klasse	besonders geeignet für Inklusion[1]	besonders geeignet für SaPH	Fächer	Aufwand	Seite
Selbstständige Wissensaneignung							
25	Lesen durch Schreiben	1	+	+	D, FÜ	+	47
26	Eigenständige Arbeit am gemeinsamen Thema	alle	–	–	FÜ	+	48
27	Arbeitsteilige Gruppenarbeit am gemeinsamen Thema	ab 3	+	–	FÜ	+	50
28	Eigenständige Arbeit am selbstgewählten Thema	ab 3	+	–	FÜ	++	52
29	Zugänge zu klassischer Musik durch Zeichnen, Spielen und Schreiben	1–8	+	–	Mu, KU, D	+	55
30	Interview (zur Texterfassung)	4–10	–	–	D, Ge, PW, NaWi	+	57
31	Simulationsspiel	ab 4	–	–	NaWi, PW	+++	58
32	Planspiel	ab 4	–	–	Ge, PW, NaWi, Ma	+++	61
33	Lernen mit Experten	alle	–	–	FÜ	+	63
34	Erkundung (Ausflug/Unterrichtsgang/Exkursion)	alle	+	–	FÜ	versch.	64

Ideenfinder

Nr.	Idee	für Klasse	besonders geeignet für		Fächer	Aufwand	Seite
			Inklusion[1]	SaPH			
Offene Aufgaben							
35	Lesezeit statt Klassenlektüre	1–6	+	+	D	+	67
36	Selbstgestaltete Bücher	1–8	+	+	D, NaWi, Ge, PW, Mu, Ku	+	68
37	Tagebuch	1–4	+	+	FÜ	+	71
38	Klassenbuch	1–4	+	+	FÜ	+	73
39	Fotokartei als Schreibanlass	1–4	+	+	D	+	74
40	Schreibkiste	1–6	–	+	D	+	75
41	Sprachforscherbuch	1–4	–	–	D	+	76
42	Zahlenalbum	1	+	+	Ma	+	77
43	Zahlen-Forscherbuch	1–4	+	+	Ma	+	78
44	Freie Rechengeschichten	1–4	+	+	Ma	+	79
45	Sachtexte zum Auseinandersetzen mit Sachen und Größen	1–8	–	–	Ma	+	80
46	Forscherfragen	1–6	–	–	Ma, NaWi	+	81
47	Selbstgestaltete Rätsel	1–6	–	–	FÜ	+	82
48	Ideenkiste	1–6	–	–	FÜ	+	83
49	Knobelkartei	1–8	–	–	FÜ	+	84
50	Aufgabe der Woche	1–6	–	–	FÜ	+	85
Kreative Arbeitsformen							
51	Modellbau	alle	–	–	NaWi, Ge, Ma	versch.	87
52	Schülerexperiment	alle	–	–	NaWi	versch.	88
53	Briefe oder E-Mails schreiben	alle	–	–	D, FÜ	+	89
54	Szenisches Lernen	alle	–	–	FÜ	+	91
55	Theater	alle	+	–	D, FÜ	versch.	94

Nr.	Idee	für Klasse	besonders geeignet für		Fächer	Aufwand	Seite
			Inklusion[1]	SaPH			
56	Stegreifspiel (Improvisationstheater)	alle	–	–	D, FÜ	+	97
57	Lebendige Zeitung	ab 3	–	–	Ge, PW, D, FÜ	+	99
58	Puppen-/Figurentheater	alle	–	–	D, FS, FÜ	versch.	100
59	Schattenspiel	alle	–	–	D, FÜ	versch.	103
60	Schwarzlichttheater	ab 4	–	–	FÜ	+++	104
61	Musical	alle	+	–	Mu, FÜ	+++	107
62	Tonreportage	ab 4	–	–	FÜ	++	110
63	Hörspiel	alle	–	–	D, Mu, FÜ	+++	112
64	Fotoreportage (Fotostory)	alle	–	–	FÜ	+	114
65	Videofilm	ab 4	–	–	FÜ	+++	115
66	Schulfernsehen	ab 4	–	–	FÜ	++	119
67	Schülerfirma	ab 7	–	–	FÜ	+++	120
68	Zukunftswerkstatt	ab 7	–	–	Ge, PW	++	122
69	Das Supertalent/Die Klasse hat den Superstar	alle	+	+	FÜ	+	124
70	Diakonie-Projekt	ab 8	+	–	FÜ	+++	126

Gemeinsamer Austausch und Diskussionen

Nr.	Idee	für Klasse	Inklusion	SaPH	Fächer	Aufwand	Seite
71	Schreibkonferenz	alle	–	–	D	+	127
72	Rechenkonferenz	ab 3	–	–	Ma	+	128
73	Gruppen-Experten-Puzzle	ab 4	–	–	FÜ	+	129
74	Partnerpuzzle	4–10	–	–	FÜ	+	131
75	Lerntempo-Duett	3–10	–	–	FÜ	+	132
76	Fish-Bowl	ab 4	–	–	FÜ	+	133
77	Kugellager (Rotierendes Partnergespräch/Karussellgespräch)	ab 4	–	–	FÜ	+	134
78	Platzdeckchen (Placemat)	ab 4	–	–	FÜ	+	135

Ideenfinder

Nr.	Idee	für Klasse	besonders geeignet für Inklusion[1]	besonders geeignet für SaPH	Fächer	Aufwand	Seite
79	Finde einen Wissenden (Find someone who knows)	ab 3	–	–	FÜ	+	137
80	Verschicke eine Aufgabe	ab 3	–	–	FÜ	+	138
81	Punkteabfrage	alle	–	–	FÜ	+	140
82	Stille Diskussion	ab 4	–	–	FÜ	+	141
83	Pro-und-Kontra-Debatte	ab 4	–	–	Ge, PW, FÜ	++	142
84	Streitgespräch	ab 7	–	–	FÜ	+	144
85	Gerichtsverhandlung	ab 8	–	–	Ge, PW, FÜ	++	145

Präsentationen

Nr.	Idee	für Klasse	Inklusion	SaPH	Fächer	Aufwand	Seite
86	Schülervortrag	alle	–	–	FÜ	+	147
87	Referat	alle	–	–	FÜ	+	149
88	Präsentation	alle	–	–	FÜ	+	152
89	Handout (Thesenpapier)	ab 3	–	–	FÜ	+	155
90	Ausstellung	alle	–	–	FÜ	+	157
91	Litfaßsäule	alle	–	–	FÜ	+	159
92	Poster zur Darstellung von Lernergebnissen	alle	–	–	FÜ	+	160
93	Plakat	ab 3	–	–	FÜ	+	162
94	Diorama	alle	–	–	FÜ	+	163
95	Abgeordneter	4–10	–	–	FÜ	+	164
96	Forum	alle	–	–	FÜ	++	165

Selbst- und Fremdeinschätzung

Nr.	Idee	für Klasse	Inklusion	SaPH	Fächer	Aufwand	Seite
97	Lernvertrag	3–10	+	–	FÜ	+	167
98	Könnerheft	1–4	+	+	FÜ	+	168
99	Portfolio	ab 2	+	+	FÜ	+	169
100	Selbsteinschätzung	alle	–	–	FÜ	+	172

Ideenfinder

Nr.	Idee	für Klasse	besonders geeignet für Inklusion[1]	besonders geeignet für SaPH	Fächer	Aufwand	Seite
	**Unterrichtskonzepte für geöffnetes und offenes Arbeiten**						
101	Tagesplan	1–6	+	+	FÜ	+	173
102	Wochenplan	1–8	+	+	FÜ	+	174
103	Stationsarbeit	1–8	–	–	FÜ	++	177
104	Lerntheke	1–8	–	–	FÜ	++	178
105	Werkstattunterricht	1–8	+	+	FÜ	+	179
106	Freiarbeit/Freie Arbeit	1–8	+	+	FÜ	++	182
107	Projektunterricht	alle	+	+	FÜ	++	184
108	Lernen durch Lehren (LdL)	ab 4	–	–	FÜ	+	185
109	„Didaktik der Kernideen" – Reisetagebücherunterricht (Dialogisches Lernen)	alle	–	–	FÜ	+++	187
110	Didaktik des weißen Blatts	alle	+	+	FÜ	+	192
111	Didaktik der sozialen Integration	alle	+	+	FÜ	++	194

[1] Alle Ideen sind für Inklusion geeignet – die gekennzeichneten Ideen eignen sich in besonderem Maße

D	Deutsch
FÜ	Fächerübergreifend/für nahezu alle Fächer geeignet
FS	Fremdsprachenunterricht
Ge	Geschichte
Ku	Kunst
Ma	Mathematik
Mu	Musik
NaWi	Naturwissenschaften (Biologie, Chemie, Physik)
PW	Politische Weltkunde/Sozialkunde
SaPH	Schulanfangsphase
+	einfach umsetzbar
++	mit etwas Aufwand verbunden
+++	sehr aufwändig oder nicht ohne langwierige Vorbereitung durchführbar

Literaturverzeichnis

Balhorn, H.; Niemann, H.:
Sprachen werden Schrift.
Libelle Verlag,
Lengwil am Bodensee 1997.

Bannach, M.; Sebold, L.; Wehmeyer, B.:
Wege zur Öffnung des Unterrichts.
Oldenbourg Verlag, München 1997.

Bannach, M.:
Selbstbestimmtes Lernen.
Schneider Verlag, Hohengehren 2002.

Bany-Winters, L.:
Theater-Spiel-Training für Kinder.
Verlag an der Ruhr,
Mülheim an der Ruhr 2000.

Bartnitzky, H.; Christiani, R. (Hrsg.):
Die Fundgrube für Freie Arbeit.
Das Nachschlagewerk für Einsteigerinnen und Fortgeschrittene.
Cornelsen Verlag Scriptor,
Berlin 1998, 5. Auflage 2002.

Bartnitzky, H.:
Berufseinstieg: Grundschule, Leitfaden für Studium und Vorbereitungsdienst.
Cornelsen Verlag Scriptor,
Berlin 2002.

Brügelmann, H.; Brinkmann, E.:
Die Schrift erfinden.
Libelle Verlag,
Lengwil am Bodensee 2005.

Brügelmann, H.:
Die Öffnung des Unterrichts muss radikaler gedacht, aber auch klarer strukturiert werden.
In: Balhorn, H.; Niemann, H. (Hrsg.):
Sprachen werden Schrift.
Libelle Verlag,
Lengwil am Bodensee 1997, S. 43–60.

Brügelmann, H.:
Öffnung des Unterrichts. Befunde und Probleme der empirischen Forschung.
In: Brügelmann, H.; Fölling-Albers, M.; Richter, S. (Hrsg.):
Jahrbuch Grundschule.
Kallmeyersche Verlagsbuchhandlung,
Seelze 1998, S. 8–42.

Die Grundschulzeitschrift:
Erste Schritte zur Öffnung.
Heft 105/1997.
Friedrich Verlag, Velber 1997.

Die Grundschulzeitschrift:
Öffnung der Schule.
Sonderheft zum Bundesgrundschulkongress 1989.
Friedrich Verlag, Velber 1989.

Drews, U.; Wallrabenstein, W. (Hrsg.):
Freiarbeit in der Grundschule.
Offener Unterricht in Theorie, Forschung und Praxis.
Grundschulverband – Arbeitskreis Grundschule e.V.,
Frankfurt am Main 2002.

Literaturverzeichnis

Erichson, Chr.:
8 Tage durch 4 Freunde macht 2 Negerküsse.
In: Die Grundschulzeitschrift, Heft 22, Friedrich Verlag, Seelze 1989, S. 12–16.

Erichson, Chr.:
Von Lichtjahren, Pyramiden und einem regen Wurm.
Erstaunliche Geschichten, mit denen man rechnen muss.
Verlag für pädagogische Medien, Hamburg 1992.

Ferrarÿ, A.:
„Unterricht öffnen" – Konzepte und empirische Begründungsversuche in der Diskussion.
Masterarbeit im Rahmen des Masterstudienganges Schulmanagement und Qualitätsentwicklung an der Christian-Albrechts-Universität Kiel.
unveröffentlicht, 2011.

Ferrarÿ, A.:
Starthilfe für das 1. Schuljahr.
Verlag an der Ruhr,
Mülheim an der Ruhr 2011.

Ferrarÿ, A.:
Wochenplanarbeit in der Grundschule.
Verlag an der Ruhr,
Mülheim an der Ruhr 2010.

Gallin, P.; Ruf, U.:
Sprache und Mathematik.
Kallmeyer Verlag, Seelze 1998.

Gilsdorf, R.; Kistner G.:
Kooperative Abenteuerspiele II.
Kallmeyer Verlag, Seelze-Velber 2001.

Greving, J.; Paradies, L.:
Unterrichts-Einstiege.
Ein Studien- und Praxisbuch.
Cornelsen Verlag Scriptor, Berlin 1996.

Grundschulunterricht:
Lernformen.
Heft 5/2004.
PZV Pädagogischer Zeitschriftenverlag, Berlin 2004.

Hintze, G. u.a.:
Lerndokumentationen leicht erstellt.
Digitale Formulare und Textbausteine für Portfolios, Lernstandsdiagnosen & Co.
Verlag an der Ruhr,
Mülheim an der Ruhr 2012.

Kasper, H.:
Lasst die Kinder lernen.
Offene Lernsituationen.
Westermann-Verlag, Braunschweig 1989.

Klippert, H.:
Planspiele.
Spielvorlagen zum sozialen, politischen und methodischen Lernen in Gruppen.
Beltz Verlag, Weinheim 1996.

Lehmann, J.; Portele, G. (Hrsg.):
Simulationsspiele in der Erziehung.
Deutscher Studienverlag,
Weinheim 1976.

Lipowsky, F.:
Lernzeit und Konzentration.
Grundschulkinder in offenen Lernsituationen.
In: *Gewerkschaft für Erziehung und Wissenschaft (Hrsg.):*
Die Deutsche Schule, Heft 2/1999.
Frankfurt am Main 1999, S. 232–245.

Literaturverzeichnis

Massing, P.:
Pro-und-Contra-Debatte.
In: *Mickel, W. (Hrsg.):*
Handbuch zur politischen Bildung.
Schriftenreihe der Bundeszentrale für politische Bildung, Band 358.,
Bonn 1999, S. 403–407.

Meyer, H.; Demuth, R.:
Unterricht weiterentwickeln und beurteilen.
Studienbrief zum Masterstudiengang Schulmanagement und Qualitätsentwicklung der Christian-Albrechts-Universität, Kiel 2008.

Meyer, H.; Paradies, L.:
Plädoyer für Methodenvielfalt im Unterricht.
Oldenburger Vor-Drucke, Heft 219/1993, Carl-von-Ossietzky-Universität Oldenburg, Oldenburg 1993.

Meyer, H.:
Unterrichtsmethoden (II).
Praxisband.
Cornelsen Verlag Scriptor, 14. Auflage, Berlin 2008.

Meyer, H:
Was ist guter Unterricht?
Cornelsen Verlag Scriptor, Berlin 2004.

Mittelstädt, H.:
Unterrichtsvorbereitung.
Strategien, Tipps und Praxishilfen.
Verlag an der Ruhr,
Mülheim an der Ruhr 2010.

Morgenthau, L.:
Was ist Offener Unterricht?
Wochenplan und Freie Arbeit organisieren.
Verlag an der Ruhr,
Mülheim an der Ruhr 2003.

Orlick, T.:
Zusammen spielen – nicht gegeneinander!
150 kooperative Spiele für Kinder.
Verlag an der Ruhr,
Mülheim an der Ruhr 2007.

Peschel, F.:
Offener Unterricht ist präventiver Unterricht – Präventiver Unterricht ist Offener Unterricht.
In: *Lumer, B (Hrsg.):*
Integration behinderter Kinder.
Cornelsen Verlag Scriptor, Berlin 2001,
S. 74–88.

Peschel, F.:
Offener Unterricht. Idee Realität Perspektive und ein praxiserprobtes Konzept zur Diskussion (Teil 1).
Schneider Verlag Hohengehren,
Baltmannsweiler 2003a.

Peschel, F.:
Offener Unterricht. Idee Realität Perspektive und ein praxiserprobtes Konzept zur Diskussion (Teil 2).
Schneider Verlag Hohengehren,
Baltmannsweiler 2003b.

Literaturverzeichnis

Peschel, F.:
Offener Unterricht, Idee Realität Perspektive und ein praxiserprobtes Konzept in der Evaluation (Teil 1).
Schneider Verlag Hohengehren, Baltmannsweiler 2010a.

Peschel, F.:
Offener Unterricht, Idee Realität Perspektive und ein praxiserprobtes Konzept in der Evaluation (Teil 2).
Schneider Verlag Hohengehren, Baltmannsweiler 2010b.

Riegel, E.:
Schule kann gelingen
Wie unsere Kinder wirklich fürs Leben lernen.
Fischer Verlag, Frankfurt am Main 2004.

Ruf, U.; Keller, S.; Winter, F. (Hrsg.):
Besser lernen im Dialog.
Dialogisches Lernen in der Unterrichtspraxis.
Kallmeyersche Verlagsbuchhandlung, Seelze 2008.

Scheibe, W.:
Die reformpädagogische Bewegung.
Beltz Verlag, Weinheim und Basel 1994 unveränderter Nachdruck der 10., erw. Aufl. 1999.

Senninger, T.:
Abenteuer leiten, in Abenteuern lernen.
Methodenset zur Planung und Leitung kooperativer Lerngemeinschaften für Training und Teamentwicklung in Schule, Jugendarbeit und Betrieb.
Ökotopia Verlag Wolfgang Hoffmann, Münster 2000.

Sennlaub, G.:
Mit Feuereifer dabei. Praxisberichte über freie Arbeit und Wochenplan.
Agentur Dieck, Heinsberg 1990.

Spitta, G.:
Schreibkonferenzen in Klasse 3 und 4.
Cornelsen Verlag Scriptor, Berlin 1992.

Redaktionsteam Verlag an der Ruhr:
Die Anlaut-Burg.
Verlag an der Ruhr, Mülheim an der Ruhr 2011.

Wenzel, H.:
Unterricht und Schüleraktivität.
Probleme und Möglichkeiten der Entwicklung von Selbststeuerungsfähigkeiten im Unterricht.
Deutscher Studienverlag, Weinheim 1987.

Zehnpfennig, H.; Zehnpfennig, H.:
Das Arbeitsblatt.
Für und Wider.
In: Grundschulunterricht, Heft 1/1995. Beiheft. Pädagogischer Zeitschriftenverlag, Berlin 1995, S. 10–11.

Zehnpfennig, H.; Zehnpfennig, H.:
Was ist „Offener Unterricht"?
In: *Landesinstitut für Schule und Weiterbildung (Hrsg.):*
Schulanfang.
Soest (LSW) 1992, S. 46–60.

Verlag an der Ruhr

Postfach 10 22 51
45422 Mülheim an der Ruhr
Telefon 030/89 785 235
Fax 030/89 785 578

bestellungen@cornelsen-schulverlage.de
www.verlagruhr.de

Es gelten die Preise auf unserer Internetseite.

■ **111 Ideen für eine gewinnbringende Elternarbeit**
Vom Elternabend bis zum Konfliktgespräch in der Grundschule
Kl. 1–4, 128 S., 16 x 23 cm, Paperback,
mit bearbeitbaren Word-Dateien auf CD-ROM,
ISBN 978-3-8346-0935-9
Best.-Nr. 60935

■ **Unterrichtsvorbereitung**
Strategien, Tipps und Praxishilfen
Für alle Schulstufen, 175 S.,
16 x 23 cm, Paperback
ISBN 978-3-8346-0667-9
Best.-Nr. 60667

■ **Das interaktive Whiteboard im Klassenzimmer – und jetzt?**
Informationen und Einsatzmöglichkeiten
Für alle Schulstufen, 99 S.,
16 x 23 cm, Paperback, farbig
ISBN 978-3-8346-0901-4
Best.-Nr. 60901

■ **Eine Klasse – ein Team!**
Methoden zum kooperativen Lernen
Für alle Schulstufen, 120 S.,
16 x 23 cm, Paperback
ISBN 978-3-8346-0594-8
Best.-Nr. 60594

Strategien • Tipps • Praxishilfen